豁然開朗

真正的富有，跟你擁有多少錢財無關，
而是看你擁有多少快樂。
真正的快樂，並不需要比別人多些什麼東西，
而在比別人多了一份慶祝的心情。

暢銷書排行榜作家　何權峰◎著

陰沉的天氣敵不過開朗的心情。
當你豁然開朗了，突然間，烏雲散去，光亮進來
當陽光普照的時候，灰塵也會閃閃發亮。

生活勵志 025

豁然開朗

作　　者　何權峰
書系主編　丘　光
編　　輯　李欣蓉
校　　對　李國祥
出 版 者　英屬維京群島商高寶國際有限公司台灣分公司
Global Group Holdings, Ltd.
聯絡地址　台北市內湖區新明路174巷15號1樓
網　　址　www.sitak.com.tw
電　　話　(02) 27911197 27918621
電　　傳　出版部(02) 27955824　行銷部(02) 27955825
郵政劃撥　19394552
戶　　名　英屬維京群島商高寶國際有限公司台灣分公司
登 記 證　局版北市業字第1172號
初版日期　2005年8月
發　　行　希代書版集團發行/Printed in Taiwan

香港總經銷　全力圖書有限公司
地　　址　香港新界葵涌打磚坪街58-76號和豐工業中心1樓8室
電　　話　（852）2494-7282　傳真（852）2494-7609

國家圖書館出版品預行編目資料

豁然開朗 / 何權峰著. -- 初版. -- 臺北市 :
高寶國際出版 : 希代發行, 2005[民94]
面 ; 公分

ISBN 986-7323-57-2(平裝)
1. 修身 2. 生活指導

192.1　　94012684

眞正的富有，
跟你擁有多少錢財無關，
而是看你擁有多少快樂。
眞正的快樂，
並不需要比別人多些什麼東西，
而在比別人多了一份慶祝的心情。

序文

當太陽被烏雲遮住時，它並沒有減少光亮，它還是一樣。不管有雲無雲，太陽一直都在那裡發光發亮。

當你身處黑暗時，並不是你比別人少了些什麼東西，你覺得人生暗淡無光，那是因為你把注意放在烏雲，因為照在你身上和別人身上的陽光是一樣的。

你注意到嗎？同樣是陽光普照的一天，有人快樂，也有人痛苦；同樣是烏雲密佈的一天，有人悲傷，也有人喜樂。

所以，問題不在「哪一天」，而在「哪個人」，對嗎？

二月十四日這天，就跟平常的任何一天並沒有什麼不同。然而對戀愛的人來說，卻是浪漫的；對失戀的人來說，卻是淒涼的，為什麼？因為這天是情人節。

十二月二十五日這天，也跟平常的任何一天沒有不同。然而對幸福的人來說，卻意味著歡樂；對不幸的人來說，卻意味著悲慘，因為這天是耶誕節。

你想過嗎？同樣是一天，為什麼人們會有如此的不同？

生日那天你很快樂，你想過嗎？這快樂的心情是怎麼來的？每天你都悶悶不樂，然後在生日那天你就突然笑逐顏開，這是很奇怪的。要不然就是那些不快樂是假的，要不然就是你的生日是假的，否則怎麼可能當那天到來，你就快樂，然後那天一過，你又掉入痛苦。這是怎麼回事？

你說：「那是因為那天心情不一樣啊！」。心情不一樣，這就對了！即使那天跟平常的日子並沒有什麼不同，同樣的早晨，同樣的街景，同樣的工作……但是當你心情不同，當你帶著慶祝的心情，日子就變得完全不同。因為就在同一天，也有人過得非常悲慘，不是嗎？

生命是一個持續的慶祝，日子不該按照日曆來過，因為生日一年只有一次，日子卻是天天要過。說「生日快樂」其實是不對的，我們不該只在「出生之日」才快樂，應該是「有生之日」都快樂，這樣才對，否則那個快樂一定是假的。

你準備一年要過幾次生日呢？窮人是不過生日的，小康的人一年慶祝一次，富有的人每天慶祝，最富有的人，時時刻刻都在慶祝。你想當富有的人，還是窮人？

真正的富有，跟你擁有多少錢財無關，而是看你擁有多少快樂。真正的快樂，並不需要比別人多些什麼東西，而在比別人多了一份慶祝的心情。

沒錯，是心情，陰沉的天氣敵不過開朗的心情。當你豁然開朗了，突然間，烏雲散去，光亮進來。套句哥德的話，當陽光普照的時候，灰塵也會閃閃發亮。

Contents

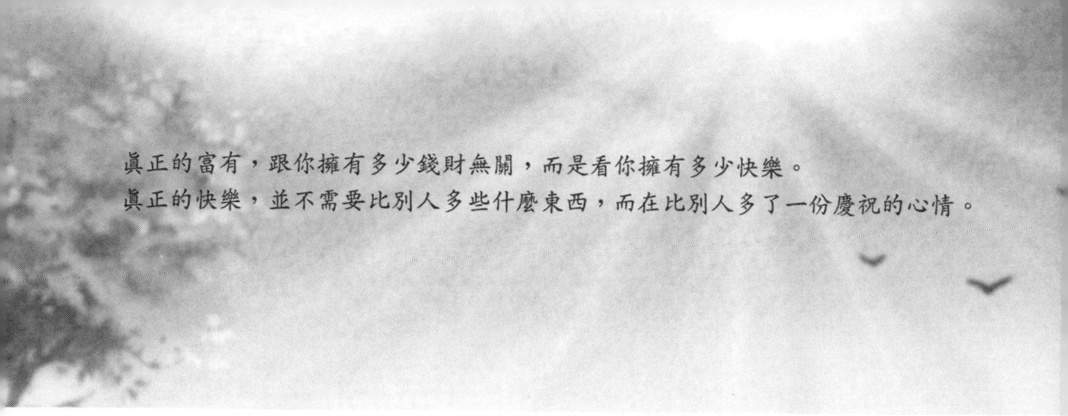

眞正的富有，跟你擁有多少錢財無關，而是看你擁有多少快樂。

眞正的快樂，並不需要比別人多些什麼東西，而在比別人多了一份慶祝的心情。

Contents

Contents

快樂不需要「達成某個目標」，
也不需要「完成某個夢想」；
試著不必有任何理由而快樂，你將會感到驚訝！
你可以根本沒有任何理由地快樂。
是的，快樂，就是這麼簡單，
何必把自己搞得那麼複雜呢？

那就換個想法吧！

感覺並不是感覺，這是一直以來人們的誤解，你的感覺是來自你的想法。

有時你非常快樂，然後忽然想到某件事，你會突然悲傷起來；而有時你是悲傷的，但當你想到某件事，又突然快樂起來。你的心情就像海水般，時起時落，你注意過情緒的無常嗎？

同樣一件事，現在你覺得很好，但過一會兒又覺得不好，你的心情總是時好時壞，因為你的心總是跟著感覺走。

那感覺到底是什麼？為什麼你會有這些感覺呢？

那就換個想法吧！

其實感覺並不是感覺，這是你的誤解，你的感覺是來自你的想法，只不過因為你對自己的想法太熟悉了，以至於沒有察覺，原來不好的心情和感覺都是自己「想出來的」。

你可以回想一下，上回你心情不好是什麼原因？當時你為什麼會如此氣憤、沮喪、挫折呢？一定是先有了負面的想法，對不對？有了憤怒的想法，你才會生氣，有了消沉的想法才會感到沮喪，有了挫敗的想法才會覺得挫折，對嗎？每一個感覺都是從想法開始。

一個人不可能在沒有任何想法之前便有所感覺，因為根本沒有任何參考點。你可以試試看不去想任何令你難過的事，而感到難過，你辦不到的，對不對？鬱悶不快樂是不可能自己存在的，它一定是來自你對人生的否定想法才會產生。

如果你心想：「別人老是吃定我。」這個想法便會萌生一籮筐關於別人佔你便宜或欺負你的事情，使自己情緒低落，看起來就像個名副其實的「受害者」。

反之，如果你想的是，「吃虧就是佔便宜。」此時你就會豁然開朗，心情也變得快樂得多。

另一半晚歸時，如果你的想法是：「那麼晚還不回來，真是沒家庭觀念？」或是想：「他會不會跑去哪裡風流？」那你當然會越想越氣；而如果你的想法是：「那麼晚還在忙，真是辛苦！」或是想：「他會不會出了什麼事？」這時你不但不會生氣，反過來還會替他擔心。

你的心總是捉摸不定，那是因為你的想法無時無刻都在變化，心情自然也跟著起起落落。

那就換個想法吧！

所以，如果你不喜歡那樣的感覺和心情，很簡單，那就換個想法吧！

你的心總是捉摸不定，那是因為你的想法無時無刻都在變化，心情自然也跟著起起落落。所以，如果你不喜歡那樣的感覺和心情，很簡單，那就換個想法吧！

把每個人都當作空船

「想法」變了，隨之「感覺」也就轉變。

在作家王溢嘉的《世說新語》曾讀到一篇文章：

有一個人，在某個下雨天搭乘公車，乘客擠得像沙丁魚一般。在不耐中，他突然覺得某個人的雨傘尖碰到了他的腳踝。他本想轉頭對那不知輕重的人還以顏色。但車裡實在太擠了，他根本無法轉身。當車子搖晃時，那雨傘尖就刺得更重，他心中的怒火逐漸升高，心想等一下非好好訓斥對方一陣不可。

好不容易到了一個大站，下去了一些乘客，他終於有了迴轉的餘地，憤怒地以皮鞋頂開那刺人的雨傘尖，然後轉身以最嚴厲的表情怒視那個「不長眼」的乘客。

結果他發現對方竟是一個盲人，刺到他腳踝的並非他想像的雨傘尖，而是她的拐杖！

他心中原本難以扼抑的一股怒火突然消失無蹤，而腳踝似乎也不再那麼疼痛。

為什麼整個感覺會突然轉變呢？沒錯，是想法變了。

表面看來，這個人的憤怒是起因於刺痛他腳踝的「那個人」和「那件事」，但其實是來自「這個人真魯莽又無禮」的想法。所以，當他發現對方是個盲人時，他的「想法」變了，隨之「感覺」也就轉變。

在《莊子》也有一則故事，大意是這樣：

在一個煙霧瀰漫的早晨，有一個人划著船逆流而上。突然間，他看見一隻小船順流直衝向他。眼看小船就要衝上他，他高聲大叫：「小心！小心！」但是，船還是直接撞上來，他的船幾乎就要沉了。

於是他暴跳如雷，開始向對方怒吼，口無遮攔的謾罵著。但是，當他仔細一瞧，才發現原來是條空船，因此氣也就消了。

從此以後，他很少再發脾氣，因為他把每個人都看成是「無人的空船」。

把每個人都當作空船

如果天空忽然下起了一場雨把你淋濕，即使你是一個脾氣不好的人，也不會大發雷霆，但是如果你發現這水原來是樓上的人灑下來的，你很可能會對他大聲叫喊，如果那個人沒有理會，你還會開始大罵，為什麼？這一切都是因為「有人」在那裡。如果那裡沒有人，你一定不會那麼生氣，對嗎？

是的，假如我們把每個人都當作「空船」一樣，就能去除「生氣的想法」，即使偶然的碰撞，也無傷大雅，那不是很好嗎？

是的，假如我們把每個人都當作「空船」一樣，就能去除「生氣的想法」，即使偶然的碰撞，也無傷大雅，那不是很好嗎？

這是我特別留給妳的啊！

也許病會帶來痛，但病痛並不包含「苦」的成份啊！

感覺就只是感覺而已，它或許存在，但它並不實在。

怎麼會呢？你說，我覺得很痛苦，因為我落榜了、我破產了、我失戀了，這些苦難道都是假的不成？

沒錯，它只是你的感覺而已，這些苦並不是真實的。想想，這些遭遇有讓你脫一層皮，少一塊肉嗎？如果沒有，那你的「痛苦」又是怎麼來的呢？是你自己想出來的，不是嗎？

那生病呢？你說，生病讓我很痛苦，這點總假不了吧？是的，也許病會帶來痛，但病痛並不包含「苦」的成份啊！苦是你心裡的感受，它只是一種感覺，是你把不愉快的感覺解釋成了苦。

奧理略大帝說得對：「假如你因某些事物而痛苦，其實並不是那些事物在煩擾你，而是你對它的想法在令你苦痛。」

並不是那個人在讓你受苦，而是那個解釋說「他怎麼能這樣對我」在讓你痛苦。

並不是那些行為在羞辱你，而是那個解釋說「他是在羞辱我」在羞辱你。

並不是那些話傷害到你，而是那個解釋說「那些話太傷人」，是你的解釋說「他傷了你的心」在傷害著你。

並不是失戀造成痛苦，而是那個解釋說「我不能失去他」在產生痛苦，是你認為說「他不應該離開你」、「他欺騙了你」、「他辜負了你」在產生痛苦。

事件從來不會產生任何心理的痛苦，是解釋，是你的想法在給你痛苦。所以，你可以改變解釋。比方：你可以把被人欺負或被人倒債想成是前輩子欠他的；把病痛和挫折磨難想成是消業或是提升心性；把頻尿、拉肚子想成是排毒、淨化身體；把被人責罵想成是對方非常看重你；把別人對你的批評想成是他們嫉妒你；把可恨的人想成是可憐的人。

改變那個解釋，感覺是不是好多了呢？

這是我特別留給妳的啊！

有一對老夫妻歡度結婚五十週年紀念日，經過一整天的慶祝後，老夫婦和往常一樣，一人烤一片麵包、喝杯奶茶，然後才去睡覺。

但在這天，當這位老先生烤了一片麵包給老太太時，她開始哭了，老先生不解地問：「親愛的，今天不是一個非常值得慶祝的日子嗎？妳為什麼哭呢？」

她說：「在這麼特別的日子，你還烤土司兩端帶皮的部分給我吃。」

老先生吃驚地說：「一條土司這麼多片，只有兩片是這種，而這是我最喜歡吃的部分，所以特別留給妳啊！」老太太聽了他的解釋這才破啼為笑。

你看，當那個解釋改變，同樣的事件感覺就會變得完全不同。

所以我說，感覺就只是感覺而已嘛！

我從來沒有被人侮辱過

如果你不覺得自己受到侮辱，那麼有誰能侮辱你？

每當別人對你做了什麼事，比方說對你惡言相向，把你數落一番，你會認為錯的是他，因為他在罵你，是他在侮辱你，如果你也是這麼想那你就錯了。

事實上，那侮辱並非來自他，而是來自你的解釋，因為你認為那是一些罵你的話，所以你才會覺得被罵，覺得自己被侮辱。如果某人罵你的時候，你並不覺得被罵，你會說他罵你嗎？如果你並不覺得自己受到侮辱，那麼他又怎能侮辱到你？

有一個年輕人，在看了「推銷致富」的書後，決定去當個推銷員。

幾個月下來，原本信心十足，士氣高昂，而今卻像個洩了氣的皮球，原因是他覺得自己受到了莫大的侮辱。

在按了門鈴後，有人一看是推銷員，就一臉不悅地關上門；有人則是一臉不屑地聽他解說，那表情就好像在看小丑表演。

「我真是受夠了！」這天他遇到一位前輩，他忍不住大吐苦水：「為什麼我每到一個地方，就要忍受一次侮辱？」

「那真是太悲慘了，」老前輩聽了他的訴苦後，充滿同情地對他說：

「我無法瞭解你的情況。二十多年來，我到處旅行推銷，我推銷的東西曾經被人丟到窗外，我還曾被人放狗咬過，甚至被人一拳揍在鼻子上。但我想我還是比你幸運些，因為我從來沒有被人侮辱過。」

如果你不覺得自己受到侮辱，那麼有誰能侮辱你？所以，那侮辱並非來自別人，而是你的解釋，那是你主觀的感覺。

有一次有個男人來到佛陀前，極盡所能地辱罵他，甚至還吐口水，佛陀不但沒有動怒，反而關心地問那個人：「你還有話想對我說嗎？」

我從來沒有被人侮辱過

他的門徒都非常震驚，而且生氣。

「這實在太過分了！」大弟子阿難（Andana）氣憤地說：「為什麼他吐你口水，而你還那麼客氣地問：「你還有話想對我說嗎？」

佛陀說：「沒錯啊，或許那個人非常生氣，當用言語都不足以表達時，所以他才會吐口水。」

佛陀本身並沒有帶著任何成見，認為吐口水是壞的，認為那是惡意羞辱，他反而關心這個對他吐口水的人，他是怎麼了？

吐口水的人在佛陀問他：「你還有話想對我說嗎？」時感到非常震驚，因為這回答並非他所預期的，他是來羞辱佛陀的，但是佛陀並沒有被羞辱，反而慈悲地關心他。

當天晚上，他無法入眠，他一再地想到佛陀：「這個人到底是怎麼樣的一個人？他是秉持什麼態度？我向他吐口水，而他卻帶著憐憫關心我……」

隔天清晨他回去，跪拜在佛陀的腳下說：「先生，請原諒我，寬恕我，我整個晚上都無法入眠。」

佛陀笑了，他說：「傻瓜，為什麼？我睡得非常好，你為什麼要為這件小事煩惱？它並沒有傷害我，我甚至沒有任何生氣，我要從何原諒你？」

如果你不想贏，有誰能贏你？如果你不覺得自己受到傷害，那麼又有誰能傷害到你？

我從來沒有被人侮辱過

並不是那些行為在羞辱你，而是那個解釋說「他是在羞辱我」在羞辱你。事件從來不會產生任何心理的痛苦，是解釋，是你的想法在給你痛苦。

憤怒的背後

不要把重心放在所見為何上，而要思索為何有所見。

有一位富豪，長期住在一家五星級飯店，但卻是服務生眼中的惡客。

他不僅隨意差遣服務生，而且沒有一項服務是讓他滿意的，經常不留情面地痛罵他們。甚至連一毛錢小費都不給。

服務生們個個被「凌虐」得心中一把火，但只能忍氣吞聲，敢怒不敢言。

憤怒的背後

飯店新來了一位服務生，大家紛紛將服侍富豪的工作推給這位菜鳥。當然，新服務生也是飽受富豪暴虐的對待，但他卻不以為意，臉上一直掛著笑容。好像他罵的是別人似的。

那些老服務生對他的「忍功」真是佩服萬分，問他究竟是怎麼辦到的？

「我並沒有特別忍耐，只是換個想法而已。」新服務生笑著說：「你們都認為他是一個可惡的人，但我卻認為他是一個可憐的人——一個被惡魔附身的可憐人。惡魔奪走他的良知，他越無理取鬧，我就覺得他越可憐。當他罵我時，我心裡想的是要如何幫助他，趕走他身上的惡魔，讓他恢復善良的本性。」

就像佛陀對「吐口水」的反應一樣，他並不是「忍氣吞聲」，而是去了解那個人，是反過來關心他。因為這位服務生一直笑臉相迎，富豪竟慢慢改變了他的態度，不再像原先那樣頤指氣使。在離開飯店時，還大方地給這位新服務生一筆可觀的小費。

有人罵你的時候，你覺得被罵，那是你的解釋，換個解釋，你也許會反過來感激那個人，他是在教導你，他那麼關心你；換個解釋，你或許會同情他、可憐他：「這個人到底怎麼了？為什麼有這種反應？」你甚至應該幫助這個人，因為當某人生氣，他是充滿毒素的，那個毒已擴散到他的大腦，已擴散到全身，他需要的是關心和治療。

那個人罵你，那是他的心嗎？不，那一定是他的無助。憤怒永遠是脆弱的表現，他這麼強烈的表達是為什麼？如果你用心去了解，你將會充滿著慈悲，他們其實不是生氣，而是恐懼，憤怒只是

憤怒的背後

為了隱藏那份感覺，是為了隱藏脆弱，他們其實是無助的，他們不曉得該怎麼辦……情況就是這樣。

當你生氣的時候，你是真的「想生氣」嗎？不，你是無助的，你控制不住自己，對嗎？因為你的心生了病，你需要更多的關心和理解。但有人真的去了解嗎？人們在對抗、在反對，這樣的結果，病當然會愈來愈重，憤恨當然愈演愈烈。

憤怒的背後是一顆受傷的心靈，如果你真的了解，你就會諒解，所有的攻擊都是一種求救而已。他會去傷害你，其實是在向你求助。由於自尊和恐懼所以他們把情緒直接轉為憤怒和攻擊，他們其實是渴望得到你的安慰和支持的。

更明白的說，一個會傷害別人的人，其實也是受傷的人；會去打擊別人的人，其實也是受到打擊的人。

那些攻擊並不是惡意，而是在求助。如果你的朋友說了一些傷害你的話，試著退一步去了解他的處境，你可能會反過來同情他的遭遇；如果你的伴侶攻擊你、責罵你，試著去了解他遇到什麼壓力或困擾的事，你可能會發現原來在他情緒的背後有著很深的無助和期望。

一個愈是不可愛的人，其實愈需要被愛；一個愈喜歡吹毛求疵的人，其實是愈需要被關心和了解。所以不要把重心放在所見為何上，而要思索為何有所見。

何必跟著一個生氣的人生氣呢，那是愚蠢的，你需要跟一個生病的人一起生病嗎？除非你也病了。

憤怒的背後

一個愈是不可愛的人，其實愈需要被愛；一個愈喜歡吹毛求疵的人，其實是愈需要被關心和了解。所以不要把重心放在所見為何上，而要思索為何有所見。

諒解，因為了解

當我們對人有愈深的了解，就會有愈多的諒解。

有位小姐認識一位先生，他煙酒不沾，穿著也極有品味，所以一見鍾情。然而，當她結婚之後，發現先生的內衣和襪子都破了還在穿，而且還染上了煙酒，夢幻隨即成了泡影。

後來，她了解到先生之所以捨不得丟棄舊衣襪，是為了省錢讓家人能過更好的生活；而抽煙喝酒是為了要應酬，為了賺更多的錢買新房子，因而她深受感動，感慨隨之也轉成了感激。

另一位太太「覺得」先生似乎不再愛她了，因為先生最近早出晚歸，脾氣也變得不好，這讓她感到很難過，愁眉不展。後來，經友人旁敲側擊才了解，原來先生最近可能調升新的職務，為求表現，他每天工作忙的幾乎喘不過氣來。至此，太太才豁然開朗，眉開眼笑。

這是怎麼回事？怎麼會有這麼大轉變呢？原因是心的轉變。

我有一位病人經常抱怨先生不願溝通，一遇到衝突就躲避。後來當她從先生的口中得知——「原來，在他八歲那年，他聽到父母吵了一架，第二天，他們就此分離。所以對他來說，衝突就意謂著關係的結束。」知道了先生不幸的童年之後，從此她不再抱怨，而且變得更包容。

是的，當我們對人有愈深的了解，就會有愈多的諒解。

舉個例子，如果你走進一家高級餐廳，卻發現這家餐廳的服務奇差。不但上菜太慢，女侍粗心大意，一不小心還把你的茶水打翻。這時你會怎麼樣？你會覺得不高興、不舒服，甚至抱怨一番，對嗎？

好，現在，讓我們把劇情稍微調整一下。這次當你坐定後，有人先告訴你：「這位女侍的丈夫剛過世不久，家裡還留下三個小孩要靠她扶養。」當你了解之後，你還會像先前那樣，對她的表現生氣嗎？不，你不但不會氣她，你可能反過來還會同情她，對嗎？

曾讀過一篇故事，在熱鬧的紐約地鐵裡，一位父親帶著兩個孩子上來，這兩個孩子一上車，非常地喧鬧，把紙屑丟來丟去，又在車廂內跳上跳下，乘客都受不了他們的行為。

有人忍不住對那個父親說：「你的這兩個孩子很沒有規矩，為什麼不制止一下呢？」

那位父親以十分疲憊憂傷的口氣說：「很對不起！我也想這麼做，只是不知道該講什麼話，因為他們的母親才剛在醫院過世。」

本來大家用責備的眼光看待這一家人，現在卻以同情的態度對待他們，於是有人自動過去擁抱這位父親，也有人過去抱起孩子，以無限疼惜的口吻說：「我聽說你媽媽剛過世……」，整個冷漠的車廂一瞬間氣氛完全改變了。

有句法國諺語說得好：「了解一切，就會寬容一切。」你對某個人無法諒解嗎？請記住，那很可能是你對他的了解還不夠。

如果你不覺得自己受到傷害，那麼又有誰能傷害到你？

別跟過去「過不去」

不要小看過去的傷痛，它會伴隨著日月而成長，形成我們特定的人格。

假如你小時候曾被狗咬過，那麼現在若有狗對著你狂吠，你一定會覺得害怕；如果你小時候曾從高處摔下來，或者你曾因爬到高處而受到斥責，那麼你現在若是站在高處一定會心生恐懼。

從小我們就受到許多「制約」，會對各種情境做出固定的反應。如果你是在一個喜歡批評、貶損的家庭長大，那麼現在的你很可能也成了同一種人——不是變得特別愛挑人毛病，就是對別人的評論總是反應過度。

如果你的父母、老師喜歡拿你跟別人比較，那你現在很可能也是凡事都愛跟別人比較，對嗎？

如果你丈夫小時候是個欠缺關愛的孩子，那麼當你忽略他或不尊重他時，丈夫自然會感到沮喪；如果你太太的父親比較偏心，讓她覺得被冷落，那當你和別的女人多說幾句話時，太太就會為此不舒服；如果你的父母常常要求你做這做那，批評你不會這不會那，那麼當你的伴侶、同學、同事、老闆對你有所要求，或有所批評的時候，你可能就會大動肝火。

不要小看過去的傷痛，它會伴隨著日月而成長，形成我們特定的人格，並制約著我們的情感和行為。

有位女孩從小就常被兄長罵「笨蛋」、「白痴」、「豬頭」這類的話，即使犯了點小錯，也常被批評得一無是處。多年下來，女孩漸漸變得對別人所說的話非常敏感，即使只是別人善意的批評，也能讓她陷入失落的谷底。

傷痛的記憶與情感存在一套相互連結的神經網中，如同複雜的蜘蛛網，牽動一絲線就足以撼動整個蛛網。往往只要一點小事，就會觸動傷心的回憶。就像那位女孩，即使揭出她錯誤的人，並沒有說出「笨蛋」這兩個字，但是她卻在心裡重複聽見這些話。一經刺激就會拉開全部的情緒反應，讓她抓狂。

曾獲得諾貝爾獎的俄國生理學家巴洛夫（Pavlov），最有名的是他對狗的研究。每當他餵狗吃飯時，他會先搖鈴。到最後每當狗一聽到鈴聲，他們就會開始「流口水」，即使牠們並未看到食物。

我們的情緒反應就像巴洛夫的鈴聲一樣，一旦記憶的「鈴聲」響起，我們就成了過往記憶的奴隸。有時候只是一個不贊成的表情，一個輕視的表示，或想起過去做失敗的一件事，就可以使我們一下子覺得自己一文不值，而這種沮喪的感覺可能會持續一整天。

別跟過去「過不去」

明白了嗎？經常，我們會對某些人或某些事感到不滿，甚至大冒無名火，其實我們是和自己的過去「過不去」，反之，別人對我們的反應也是一樣，他們很可能也攜帶著許多過往的傷痛。

當你了解到每個人都有著不同的過去，你是否能有更大的包容去接納別人？是否能諒解別人所犯的錯誤？

當你了解自己也可能是過去的受害著，是否能較心平氣和的看待自己的挫折失意？是否能讓自己不再受過去的傷痛所左右？

為什麼會反應那麼激烈？

別人撒鹽傷不了你，除非你身上有潰爛之處。

就我們現在的情緒來說，絕大部分都是由過去而來。譬如某人侮辱你，你就生氣，那個情緒是來自你過去的憤怒，而不是來自現在的你。

當有人批評你，你就立刻還以顏色，因為在過去曾經有許多人批評你，在你的內心形成了一個傷口，所以現在只要有任何人對你說了類似的話，就會觸碰到你的傷口，因而引發過去積壓的情緒。

為什麼會反應那麼激烈？

這就是人們「情緒化」的原由，你會覺得不解：「好奇怪，為什麼他會反應那麼激烈，我又沒有說什麼啊？」你會懷疑：「難道他是衝著我來的嗎？」當然不是，你又沒有對他怎麼樣，對嗎？他之所以那樣，那是因為他有一個傷口，當你觸碰那個創傷，整個痛苦就對你發出來，情況就是這樣。

回想一下，你自己是否曾對一些蒜皮小事反應過度？事實上那只是一件很小的事，為什麼你會大發雷霆呢？其實問題並不在那個人或那件事，事件本身只是一條導火線，引爆了過去長期積累下來的情緒。

如果你過去壓抑了情緒，你將很容易就被引爆，因為你的血液，你全身上下都佈滿著火藥，即使你愛上某個人，你還是攜帶著它，然後只要一點小火花——也許是先生說了一句不中聽的話，或是太太做了某事不合你的意，整個彈藥庫就會炸開來。

你生氣，不是因為你的老婆或先生多麼惡劣，他們或許有不對的地方，但你會勃然大怒，那是因為你自己身上布滿著傷，他們的錯只是因為觸碰了你的傷口，如此而已。如果不是他們，你照樣會生氣，只是換成其他的對象，你可能對同事、對朋友……對絆倒你的桌腳生氣。

你痛苦，不是因為別人的錯誤，他們或許做了某些事，但那是他們的事，除非你身上有傷口，否則不論他們撒鹽、撒水，甚至隨便的觸碰，你都不會有任何影響。

拉丁有句諺語：「別人撒鹽傷不了你，除非你身上有潰爛之處。」是的，問題並不在別人身上，而是在你的身上，別人無法為

為什麼會反應那麼激烈？

你的傷口負責，即使你覺得受傷、痛苦，該負責的仍是你自己。你應該盡快地去修復已經潰爛發炎的傷口，而不是急著去修理別人。

想想，如果傷口發炎的是你，卻要別人去治療、去吃消炎藥，你的傷口會好嗎？

有句拉丁諺語：「別人撒鹽傷不了你，除非你身上有潰爛之處。」是的，問題並不在別人身上，而是在你的身上，別人無法為你的傷口負責，即使你覺得受傷、痛苦，該負責的仍是你自己。

隨著時間的河流去吧！

你一直撥弄著傷口，這傷口怎麼可能好起來呢？

我發覺有太多的人對於痛苦似乎有特別驚人的記憶，他們能記下每一筆痛苦，每一件悲慘、每一個錯誤，而且這個數量還不斷地在累積。就像是個寶似的，人們對於那些不愉快的事，總是如數家珍，每一件都記得一清二楚。

某人十幾二十年前對你說過的話，你現在都還念念不忘；有一次在課堂上老師說了傷了你的話，你現在都還記得；當你還是一個

隨著時間的河流去吧！

小孩子，你爸爸打了你一巴掌，那個痛一直還在；你媽媽曾經給你使個眼神，那神情都還留在你腦海裡；在多年之後的現在，你的人生變了，但是那個創傷卻還在你裡面。

在家裡、在學校、在與人相處，你一直帶著這個傷，即使別人不經意地撥弄，都能引發你的痛。都已經那麼久的事了，無盡的河水已經流入大海，但你依然沒有流出那灘死水。

人們就是這樣變得悲慘，尤其年紀愈大就愈嚴重，因為他們擁有更多的過去，他們會一再地回想那些事情，回想那些不堪回首的往事。你看看周遭那些年長的面孔，是不是很陰鬱、很緊繃，總是拉長著臉。假如你把過去緊抓著不放，你當然會一再去經歷它，你的未來不會是別的，一定是累積了許多灰塵的過去，它注定是這樣的，這些塵埃不但會遮蓋你生命的光彩，也將阻礙你看到未來。

想想看，那個人和那件事都已成為「過去」，你現在為什麼還無法忘懷？真正的原因是「你自己」不斷的去想，對嗎？你一直撥弄著傷口，這傷口怎麼可能好起來呢？為什麼你要這樣折磨自己？

你注意過小孩嗎？他們總是洋溢著快樂，因為他們沒有過去，他們非常新鮮，就像清晨陽光中的雨滴一樣新鮮，沒有任何塵埃。如果一個小孩生氣，他會很快就將它忘掉，他很快就能開懷大笑，因為他沒有過去的束縛，沒有背負甩不掉的重擔，他是那樣的輕盈、那樣的雀躍。怪不得，有人會說，記憶力不好的人，通常會比較快樂。

隨著時間的河流去吧！

一個老人要能再次變成一個嬰兒，是最圓滿的，所以老人會變得健忘，因為自然想幫助他遺忘過去。當沒有了過去，你再次回到孩子般的天真、輕盈、沒有負擔，那即是最圓滿的人生。

正如德川家康說的，「人生不過是一場帶著行李的旅行，我們只能不斷向前走，並且沿途拋棄沉重的包袱。」

那些舊的人和舊的事，就讓它們隨著時間的河流去吧！丟下那些沉重的包袱，忘掉那些不必要的創傷，甩掉任何「不值得」背負的東西，如此你的生命才能清澈流暢。

如果你不覺得自己受到侮辱，那麼有誰能侮辱你？

就算懲處他，對我又有何好處？

除非你能夠原諒他們，你才能擺脫他們，否則他們會繼續困擾你。

當「忘了吧！」這個字眼被提到，誰最先出現在你的腦海？是哪一個人，哪一件事是你無法忘懷的？是那個你最想忘了的人和事，對嗎？

比方，今天你跟同事吵了一架，整個心情大受影響。於是你告訴自己：「我不要再去想了！」、「我才懶得理他！」但是，當你進出辦公室的那一剎那，心裡想的是誰？整天下來最常出現腦海的

就算懲處他，對我又有什麼好處？

又是誰？是他，對不對？

你想過嗎？為什麼明明你想忘了，但怎麼又忘不了呢？

有一則真實的故事。有位名叫肯特的先生，他非常倚重他的僕人廉波，沒想到廉波竟偷了他的東西，基於家法他不得不把他解雇。

這件事情讓肯特相當的傷心難過，因為畢竟相處那麼久了，他仍必須請他走路。肯特先生因此在書桌前立了一個大牌子，上面寫著：「我必須忘記廉波」。

結果呢？沒錯，只要這牌子還放在書桌前，他就一天無法忘記廉波。

你可以拿自己做實驗。從現在開始不要去想檸檬，怎麼樣？你的心裡是否浮現檸檬的圖樣或味道。如果你告訴自己：「別去想檸檬，別想檸檬汁酸氣撲鼻的味道，別想那刺激的酸味。」你會不會更想著檸檬？答案幾乎是肯定的，那就是為什麼那些我們最討厭、最不願意去想的人——如仇人、敵人、分手的情人或欺騙你、傷害你的人，卻反而愈常出現在腦中。當我們不斷告訴自己「別再想某人或某事」，那念頭和影像不但不會消失，反而會增長。

所以耶穌說：要原諒你的敵人，要愛你的敵人，原因就在這裡。祂知道除非你能夠原諒他們，你才能擺脫他們，否則他們會繼續困擾你。

有一位從戰俘營死裡逃生的人，去拜訪一個當時關在一起的難友。

他問這位朋友：「你還痛恨那群殘暴的傢伙嗎？」

就算懲處他，對我又有什麼好處？

「不，我決定不再讓他們繼續控制我的生命，但我永遠都不會原諒他們，我恨透他們，恨不得將他們碎屍萬段！」朋友說。

他聽了之後，淡然回道：「若是這樣，那他們仍囚禁著你。」

通常我們愈是無法饒恕的人，就是我們愈需要原諒的人；我們愈認為永遠無法忘記的人，就是我們愈需要忘掉的人。

相傳在北宋時，有個讀書人名叫呂蒙正，他的知識淵博，修養很好。呂蒙正後來不但考中狀元，並且在多年後擔任了參知政事的職務，這相當於宰相的職位。

有一次，呂蒙正進入皇宮中，正要上朝時，聽見有個官員在窗子後面指著他對別人說：「這小子也能當參知政事嗎？」

呂蒙正假裝沒有聽見。但是和呂蒙正一起上朝的朋友，個個氣憤不平，想要去追查究竟，呂蒙正急忙搖手制止了他們。

呂蒙正對他們說：「算了，那人批評我，對我有何損失呢？可是如果我執意要去查看，知道是誰在批評我，那我就會永遠記住這個人，他將繼續擾亂我，就算懲處了他，對我又有何好處呢？所以我寧可不知道，不去查問是誰在暗地裡說我的壞話。」

也許有人會覺得，就這樣輕易饒恕了，那也未免太便宜他了吧！或許我不該原諒他，我要讓他痛苦，讓他付出代價。然而，你有沒有想過，「不肯忘卻」最大的受害者就是自己。

假如你想提一袋垃圾給對方，是誰一路上聞著垃圾的臭味？是你，不是嗎？

緊握著憤恨不放，就像是自己扛臭垃圾，卻期望薰死別人一樣，這不是很可笑嗎？

就算懲處他，對我又有什麼好處？

那些舊的人和舊的事，就讓它們隨著時間的河流去吧！丟下那些沉重的包袱，忘掉那些不必要的創傷，甩掉任何「不值得」背負的東西，如此你的生命才能清澈流暢。

你說，這個人重不重要呢？

為什麼要因為一個討厭的人，而讓你離開喜歡的人？

我有一個朋友，他因為與同事交惡，幾乎到了水火不容的地步，以至於家庭生活與工作都大受影響，最後他選擇了離職。

於是我問他：「如果不是那個人，你會希望繼續留下來嗎？」

他回答：「當然，這工作我很喜歡，但是我恨透了那個傢伙，只要他在一天，我便覺得如芒刺在背，最後只能離開。」

「你為什麼要讓他成為你生命的重心？」他被這麼一問，頓時啞口無言。

敵對的關係要比愛的關係來得更深沉，恨一個人要比愛一個人付出更多的情感，當你在跟某一個人抗爭，你慢慢就會失去自己，當你把整個焦點都集中在那個人，那他將涵蓋了你的整個世界，他將成為你生命的重心。

古時候人們想殺一頭熊，會在一碗蜂蜜的上方吊一根沉重的木頭。熊想吃蜂蜜時，必須先推開木頭，而木頭會盪回來撞熊。熊生氣就更用力推開木頭，而木頭也更猛烈地撞擊牠。就這樣不斷重複，直到撞死為止。

以怨報怨的人其實就像這些笨熊一樣，對方也許只傷害過你一次，但是，你卻在心中一而再，再而三，反覆的想著，好像已經被傷害過千百次似的。滿腔的恨意，只會讓你更想起那件事，更想到那個人，這是何苦呢？

最近在網路上讀到一篇小故事，我覺得很有意思。

故事說有一個老師他的一個學生，做作業分組，十二個人一組，他來請求老師讓他換組。老師問：「為什麼？」

這學生說：「因為他很討厭其中的一個人。」

老師就讓他換了。不過問了他說：「其他的組員你也都討厭嗎？」

學生說：「不會啊，都蠻喜歡的。」

老師：「那這個人在你生命中重不重要？」

那個學生答：「重要個鬼啦！討厭死他了！」

老師：「但是十個好朋友留不住你，你卻為了他一個人離開。

你說，這個人重不重要呢？」

美國教育家布克・華盛頓說得很對，他說：「我不會讓別人拖垮到讓我憎恨他。」而且，你還應該活得更好、更快樂，我想這樣才是最好的報復。對！

為什麼要讓一個討厭的人，而離開你喜歡的人？為什麼要讓一個「不重要的人」成為你生命的重心呢？

> 通常我們愈是無法饒恕的人，就是我們愈需要原諒的人；我們愈認為永遠無法忘記的人，就是我們愈需要忘掉的人。

你只是個奴隸，不是主人

如果你必須依循別人，那別人不就成了你的主人？

你有沒有類似的經驗，原本你想為別人做些事情，卻因為對方的態度不好而改變初衷？你說：「如果他客氣一點，說不定我還會幫他。」「我不想理他，那是因為他的態度不好。」這話聽來似乎有理，但卻是不對的。怎麼說呢？你想想看，你想做某件事，那不是出自你自己的意願嗎？如果是的話，那你的行為為什麼要依據別人的態度？如果你必須依循別人，那別人不就成了你的主人？

你只是個奴隸，不是主人

這故事許多人應該都聽過：

有一個人和朋友在住家附近的商店買東西，他禮貌地對店員說了聲：「謝謝。」但店員卻臭著一張臉，沒有理會。

他們走出商店時，朋友說：「那傢伙服務態度很差。」

這人對朋友說：「他每天都是這樣。」

朋友說：「既然他每天都這樣，那你為什麼還對他那麼客氣呢？」

這人回答：「為什麼我要讓他的態度來決定我的行為呢？」

當那個人高興時，你也跟著高興；當他不高興時，你也跟著擺一張臭臉；你的表情和心情必須依循他，那他才是你的主人，如果你可以被掌控，你能夠被某些人弄得高興和不高興，那你只是他們的奴隸。

如果你檢視你的情緒反應，你將會發覺自己就像是按鈕被按到一樣，隨時可以被啟動。如果我罵你，你就罵我；如果我說你不好，你就說我壞，只要人把按鈕壓下去——只要有人對你說一句話，即使只是一句：「你是傻瓜嗎？」然後，你的教養立刻消失，只剩下「傻瓜」這句話，還有漲紅的臉。

你氣急敗壞，然後你還一臉無辜：「我不知道為什麼會那麼生氣，我並不想這樣。」你說：「我並不想把情況搞成這樣，但我控制不住自己。」這表示你只是個奴隸，你控制不了情緒，你並不是它的主人。

當你憎恨的時候，憎恨就變成主人；當你氣憤的時候，憤怒就

你只是個奴隸，不是主人

變成主人；當你失去理智的時候，情緒就變成主人。每當憤怒的時候，你又掉入同樣的陷阱；你抓狂，等事情過後，你又開始後悔，你一再後悔，又一再的再犯，那已經是一個惡性循環。你已經決定過多少次不要再生氣了，但有用嗎？你依然沒變，你還是控制不住自己，對嗎？

只要按下了按鈕——只要挖苦你一下，只要刺激你一下，你就會跳腳。你先生和太太知道、你朋友和同學知道、就連你孩子和學生都知道，他們都知道怎樣就能控制你，知道怎麼樣就能讓你抓狂。你難道一點都沒察覺嗎？你並不是主人。

我想起一則故事，情節大致是這樣。有天，有位開悟大師行經一個村莊，在那裡一些前去找他的人對他說話很不客氣，甚至口出穢言。

大師站在那裡仔細地、靜靜地聽著，然後說：「謝謝你們來找我，不過我正在趕路，下一村的人還在等我，我必須趕過去。不過等明天回來之後我會有較充裕的時間，到時候如果你們還有什麼話想告訴我，再一起過來好嗎？」

這些人簡直不敢相信他們耳朵所聽到的話，和眼前所看到的情景：這個人是怎麼回事。其中一個人問道：「難道你沒有聽見我們說的話嗎？我們把你說得一無是處，你卻沒有任何反應！」

大師說：「假使你要的是我的反應的話，那你來得太晚了，你應該十年前就來的，那時的我就會有所反應。然而，這十年以來我已經不再被別人所控制，我已經不再是個奴隸，我是自己的主人。我是根據自己在做事，而不是跟隨別人在反應。」

你只是個奴隸，不是主人

是的，唯有當你不再被別人控制，不再讓別人影響，那你才是自己的主人。為什麼你要讓別人的態度來影響你的行為呢？

緊握著憤恨不放，就像是自己扛臭垃圾，卻期望薰死別人一樣，這不是很可笑嗎？

認同一個你不認同的人

如果你不小心被狗咬了一口，難道也要回咬狗一口嗎？

人總是處在一種認同的狀態，只是認同的對象改變而已。某個人稱讚你一下，你就覺得飄飄欲仙，然後你遇到另一個人，他對你惡言相向，你馬上火冒三丈，你氣呼呼的還以顏色，你的情緒完全操控在別人，別人說你好，你就滿足；說你不好，你就不滿，誰都可以影響你、左右你，為什麼你要如此認同別人呢？

事實上，別人要怎麼想、要怎麼說你、要怎麼認為，那真的不關你的事，因為腦袋是長在他的頭上，你能怎麼樣？

認同一個你不認同的人

我聽說，有個校長修養非常好，即使別人用再難聽的話羞辱他，他都無動於衷。

有位老師忍不住問道：「你怎麼能不生氣？這有什麼祕訣嗎？」

「這並不困難，」校長笑說：「如果有人寄封信給你，而你不打開，你還會受到內容影響嗎？」

別忘了，一個巴掌是拍不響的。如果你不跟別人爭「是非」，又怎麼會惹上「是非」呢？正如跳探戈也要有伴才行，如果你拒絕跟著起舞，問題自然消失。

美國拳王喬路易在拳壇所向無敵，有一次他與朋友開車一同出遊，車子行駛間，因前方有狀況使他不得不緊急煞車；不料後面尾隨的一輛車因煞車不住，而輕微地撞上。

他原也不以為意，但後面的司機卻氣沖沖地跳下車來找他議論，指責他煞車太急，大罵他駕駛技術有問題，並不時揮動著雙拳，在他面前跳躍著。

喬路易沉默不語，直到司機罵完，揚長而去。

喬路易的友人實在忍不住了，對喬路易說：「那傢伙看起來那麼囂張，還在你面前揮動拳頭，你為什麼不狠狠地揍他一頓？」

喬路易笑著說：「如果有人侮辱歌王卡羅素，卡羅素是否會為對方高歌一曲呢？」

說得好，如果你不小心被狗咬了一口，難道也要回咬狗一口嗎？

認同一個你不認同的人

要記住，那個人就跟你我所認識的大多數人一樣，他們並不是絕對理性，他們可能充滿偏見、自私、嫉妒、情緒化，甚至喜歡吹毛求疵、鑽牛角尖，對嗎？既然是這樣，你又何必在意他怎麼說或怎麼想呢？

如果有人給你壞臉色，那是「他的問題」；如果他生你的氣，那是「他的問題」；如果他對你惡言相向，那仍是「他的問題」。因為他要怎麼說、怎麼做，那是「他的修養」，你能怎麼辦？

一個人腦子裡裝的都是垃圾，倒出來的必然也是垃圾。所以，如果有人給你擺一張臭臉，說一些不衛生的話，那表示他的腦子裡就是這些東西，你根本不需要把人家的垃圾都接收下來。

常有朋友問我說：「你每天要看那麼多病人，你不會受他們影響嗎？」

我告訴他：「如果那個病不是你的，你就不會被他們影響。你是你，他們是他們，是他們生了那個病，而不是你，這不會有任何困擾。但是如果你太認同那個疾病或那個病人，那就會有問題。」

所以，當你對某人的言行感到不解或不悅的時候，你應該問的是，你認同這個人嗎？你認同他的態度、認同他的行為嗎？如果不認同，那你在疑惑什麼？你幹嘛為此心情煩悶，既然你不認同他，那他要怎麼樣又與你何干？

是啊！你總不會傻到去認同一個你不認同的人吧！

認同一個你不認同的人

一個人腦子裡裝的都是垃圾，倒出來的必然也是垃圾。所以，如果有人給你擺一張臭臉，說一些不衛生的話，那表示他的腦子裡就是這些東西，你根本不需要把人家的垃圾都接收下來。

沒錯，是國王變了

相同的A可能導致不同的C，關鍵就在B。

有兩戶人家，彼此是鄰居。雙方的父親都是早出晚歸，經常加班應酬，往往要到半夜才回家。到了家裡孩子多半都已經睡著。

對於這種情形，李太太經常在孩子面前抱怨：「唉！每當你們需要父親時，他永遠都不在身旁，就只知道工作賺錢，對家一點都沒有責任。」這些孩子長大後只記得，他是位「不負責的父親」。

林太太對子女說的話就相當不同，她說：「孩子們，你們有一個最顧家的父親。為了這個家，他每天辛苦從早忙到晚。你們要好好用功，報答他！」這些孩子將充滿感激，因為他是位「顧家的父親」。

在這個例子中，這兩位父親的情況類似，然而評價卻大不同，原因出在哪裡？原因就出在個人的解釋和想法不同。

心理學有一個著名的「ＡＢＣ理論」。Ａ指事件的起因，Ｂ為個人的解釋和想法，Ｃ是事件的結果。相同的Ａ可能導致不同的Ｃ，關鍵就在Ｂ。

例如，某天從巷子衝出一隻狗把你嚇了一跳，當時如果你想的是：「這瘋狗！差點撞到我！」你就會覺得自己很倒楣，心情自然也不會太好。反之，如果你的想法是：「喔！還好衝出的是狗而不是車子。」這時，你還會覺得自己倒楣嗎？不，你可能會覺得很慶幸，對嗎？

當兩個戀人去郊遊踏青，卻突然下雨，即使被淋成落湯雞也無傷大雅。雨只是雨，雨是中性的，淋濕了擦乾就好，而雨中漫步甚至還更覺得詩情畫意。

但是，如果這對戀人正在吵架，下雨就成了一件很煞風景的事。「本來說要帶雨具的，都是你……」、「早知道就不要出來！」此時的雨就變成了情緒宣洩的理由。

相傳，衛國國君很寵愛彌子瑕。

沒錯，是國王變了

衛國有這樣一條法律：如果有人擅自使用國君的車子，將被處以斬足之刑。

有天晚上，彌子瑕的母親生了急病，彌子瑕一得到消息，就冒充得到國君的命令，駕著國君的車子趕回家去。

這事被國君知道了，國君不但沒有懲罰他，反而稱讚他說：「彌子瑕真是個孝子，因擔心母親的病，竟然忘了自己會受罰！」

幾天後，彌子瑕陪國君在果園裡散步。那時正是桃子成熟的季節，彌子瑕摘了一個肥大的桃子來吃，那桃子很甜，他只咬了一口，就把它獻給國君。國君說：「你對我太好了，吃到好吃的東西，自己也捨不得吃！」

後來，彌子瑕失寵了。國君完全變了一副嘴臉：「彌子瑕這傢伙膽子好大，竟敢偷乘我的車子；還有一次，把自己吃過的桃子給吃，真是太胡作非為了！」

其實，這兩件事皆是曾被國君讚美過的，現在卻成了責怪的理由。為什麼？

沒錯，是國君變了。事情還是相同的一件事，但是詮釋事情的人變了。

其實別人只是一面鏡子，照出你的模樣。如果你是愛的，鏡子就反映出愛；如果你是美的，鏡子就反映出美；如果你從別人的身上，看到的是醜惡、是恨，那是因為你內心裡面就是這些東西。

他們不一樣，那是因為你不一樣

美醜是存在觀看者的眼中，愛恨與好壞對錯也是一樣，都存在你的心中。

當你喜歡某個人，你就會覺得他做的每件事似乎都是對的，如果你不喜歡他，同樣的那些事，你就會覺得不對勁。

當你喜歡某個人，你就會覺得那個人很美，你愈喜歡就覺得愈美；但當你開始討厭他，同樣的那個人就開始變醜，你越討厭就覺得他愈醜。

你曾想過嗎？同一個人怎麼可能一會兒是美的，一會兒又是醜的？同一件事怎麼可能之前是對的、是好的，現在卻是錯的、是壞的？問題到底出在哪裡？

問題就出你，美醜是存在觀看者的眼中，愛恨與好壞對錯也是一樣，都存在自己的心中。

情人就是這樣看世界的。還記得你初戀的感覺嗎？在那個時候，你是不是放眼看去一切都是美的，玫瑰花好美、夕陽好美，優美的音樂、燦爛的星空，眼前的佳人，怎麼看都美……，這美讓你覺得他（她）真是世上最美的人。當然，他還是他，這世界還是同一個世界，外界一點也沒變，變的是你。

當你在一朵玫瑰裡面看到了美，你是否曾經思考過，那個美是來自哪裡？是來自玫瑰花裡，或者是來自你的心裡？因為有時候你也經過或看到同樣的玫瑰花，但什麼也沒發生，你並沒有什麼特別的感覺，但今天，你心情很不一樣，你覺得很喜悅，你的心洋溢著美，所以當你看到玫瑰花，你說：「哇！這玫瑰花真美。」

當你看到夜景，你覺得很美，你自然會以為這美是來自夜景。但那並不是事實，夜景不過觸動了你的內心。同樣的夜景，你今天覺得很美，明天也可能很美，但後天很可能就變了，因為你變得不同，如果你變得悲傷，那你看到的夜景也將是悲傷的，那完全視你而定。就在同一刻、同一個夜景，也有人被夜景的美所感動，那是他們擁有不同的心境。

所以真正的問題不在玫瑰或夜景，而是在你的心。就像同一首歌、同一張唱片，當你以不同的心情去聽時，感受就會完全不同，對嗎？

在《列子》裡有一則故事，說有一個人掉了斧頭，認為是鄰家的兒子偷的。從那天起，他便開始注意鄰家兒子的舉動，不只是動作，連他臉部的表情和談吐，看起來都像個賊。

後來，那個人在自己房子旁邊的水溝找到遺失的斧頭，從此當他再看到鄰居的兒子時，說來奇怪，不論怎麼看都不像是會偷東西的賊。

鄰家的兒子一點都沒有改變，但是當那個人對他的想法變了，整個情況都變得不同。不是嗎？

所以我說，這個世界是中立的，你之所以會認為好或不好，對或不對，美或是醜，那都是來自你的想法。

你可以回想一下，當你心情好的時候，是不是任何事都覺得賞心悅目？即使那時發生一些狀況，你可能也不會在意。然而，如果同樣狀況發生在你心情不好的時候，那結果就完全不是那麼回事了。

你總是指責別人，認為問題出在別人，當你生氣的時候，你老是把焦點指向那個引發你生氣的人身上；當你恨的時候，甚至連一分鐘都不需要，你可以馬上恨透那個人，就算是你原本愛得要命的人，但只要他惹毛了你，你可以立刻恨之入骨，愛怎麼會突然不見了呢？

其實別人只是一面鏡子，照出你的模樣。如果你是愛的，鏡子就反映出愛；如果你是美的，鏡子就反映出美；如果你從別人的身上，看到的是醜惡、是恨，那是因為你內心裡面就是這些東西。

只要注意去看，你就會發現——當每一次你看別人的時候，他們顯得不一樣，那是因為你不一樣。

假如你想提一袋垃圾給對方，是誰一路上聞著垃圾的臭味？是你，不是嗎？

你是同一個「我」嗎？

即使你只踏進一條河一次，它也不是相同的河——因為河總在流動。

早上你有一個「我」，等到下午你又有另一個，晚上又是不同的「我」；表面上看起來是同一個我，但那只是看起來而已。早上你還高高興興的出門，但到了中午，一件不順心的事惹得你很不高興，等到傍晚，你的不悅變成沮喪，你有氣無力的說：「我回來了！」這個「我」跟早上那個「我」還是同一個我嗎？

你認為，當你在沮喪和雀躍的時候，你是同一個「我」嗎？

你是同一個「我」嗎？

當你在憤恨和喜樂的時候，你是同一個「我」嗎？當你迷失或覺悟時，你認為你還是同一個「我」嗎？

不，當然不是，這怎麼會是同一個「我」呢？

還記得佛陀的故事嗎？當那個吐口水的人向他道歉，求他原諒，佛陀說：「你並沒有傷害我，我甚至沒有任何生氣，我要從何原諒你？」

這故事還沒結束。隨後佛陀接著說：「忘掉這整件事吧！因為我不再是你羞辱的那個人了；而你也不再相同，你也不是原先那個人了。」

大弟子阿難坐在一旁，不平地說：「師父，我不懂你的意思，這是相同的人啊！昨天就是這個人在誣蔑你，他還吐你口水，你怎麼說他不是先前那個人？」

佛陀說：「阿難，難道你看不出來這根本不是同一個人？昨天來的那個男人辱罵、詆毀，而這個男人正在道歉。他們怎麼可能是相同的人？你認為辱罵和道歉是相同的嗎？這是完全不同的人，你只要看他的眼睛——眼淚正從他的眼睛裡流出來。你記得另外一個男人嗎？他的眼睛在噴火，他是那麼樣的暴怒，而這個男人他是那麼樣的祥和，阿難，你還會說這是相同的人嗎？」

人經常在變，心情好時是一個樣子，心情不好又是另一個樣子；得意時是一個樣，失意時又另一個樣，即使在一天當中也可能變好幾個樣，可能由哭臉變笑臉，也可能由神采飛揚變抑鬱寡歡。就像條河流，每一天都會成一個新的樣子。所以當你說「我認識你」時，其實你所認識的是以前的他，而不是現在的他。你所認識的只是過去對他的印象而已。

昨天某個人侮辱你，今天他出現在你面前。你就怒目相向，你對他的印象還留在昨天。然而今天他也許是來道歉，或許他已經知錯，他也許是想跟你重修舊好，而你卻怒氣沖沖，你不斷地被昨天、被過去對他的印象所影響，以致無法看見此時此刻的他。

這個人已經不再是昨天的他，從昨天到現在，你也不再是昨天的你。希拉克里特斯如是說：「即使你只踏進一條河一次，它也不是相同的河——因為河總在流動。」

是的，「涉足而入，已非前水」，當你每一次涉入河流，正如每一次評論某個人時，河水早已不是原本的河水，那個人也許不一樣了。

其實當你讀完這本書，你也不一樣了，因為你的觀念和想法或許已經不同，你可能會有一些決定，或是做一些改變，你的同事、朋友、伴侶也許並沒有發現，但你的「我」已經變了，你也已經不是你了。沒有人知道另一個人的靈魂中發生過或正在發生什麼事，你是否應該給別人或給自己一個機會，重新認識彼此呢？

你是同一個「我」嗎？

你一定也聽過這樣的事，比方說，失去了工作反而創造事業第二春；生了重病反而得到重生；迷了路反而找到新路；被愛人拋棄了反而找到真愛……那不是盡頭，而是該轉彎了。

這麼醜的女人他也要

你所有的人際關係都是一面鏡子，透過他們，你才能認識真正的自己。

人際關係就像一面鏡子，讓我們看到別人，同時也照出自己。你最喜歡的人，實際上是反映你希望自己擁有的特質；而你最討厭的人，也就是你最討厭自己的那部分。

比方，如果你欣賞某人，是因為他很善良，那他所反映的就是你內在的善良；反之，如果你很討厭某個人，是因為他很偽善，那就表示你在某部分其實也是偽善的。

這麼醜女人他也要

別人身上的負面特質會激怒我們，往往反映我們也有相同的特質；別人最讓我們討厭的地方，往往也是我們最受不了自己的地方。如果你的父母或伴侶經常責備你懶散或糊塗，你也會挑剔別人懶散或糊塗。通常我們批評別人的地方，也正是我們最無法接受自己的部分。總之，別人在你面前所呈現的，是一面映照你本來面目的鏡子。

不管你跟誰在一起，你的先生、你的太太、你的朋友、你的同學、你的情人或你的敵人，把他們當做一面鏡子。你可以在他們身上看到你自己，如果你看到的是一個醜惡的人，不要去批評，不要去責罵，那個醜是在你裡面，你應該感謝這鏡子，要感謝他們讓你看到自己。

事實上，那些令你厭惡的人是在幫助你，他幫助你了解自己，讓你看到你內在隱藏的部分，讓你發覺你的陰暗面。這也就是為什麼當我們跟一個人越親密，就越容易產生厭惡，因為他讓你看到自己的真面目。

你不會對一個陌生人生氣，你會對配偶生氣，對父母生氣，對兒女生氣，為什麼你對越親近的人就越生氣？因為，你厭惡的人其實是你自己，而當你與人越親近，就越難隱藏自己，所以你會生氣，你對他們生氣，你會把氣出在你親近的人身上，那是因為他們已經是你的一部分——你氣的其實是自己。

每次你生氣的時候，你以為你是在氣對方，是在罵對方嗎？不，我說過，對方只是一面鏡子，你生氣、你對抗的，其實是一面照出你「德性」的鏡子。

這麼醜女人他也要

在很久以前，大約在剛發明鏡子的年代，有這麼一則故事：

有個叫阿土的人，他撿到了一面鏡子。他照了照，然後不可思議的說：「我的天啊！這看起來像我老爸，沒想到他現在比以前年輕。」他無法理解那是他自己的反映，他從未見過鏡子，這是第一次。

所以，他唯一可以推斷的是，那就是他的父親，因為他父親已經死了，只是他沒想到父親死後會變得那麼年輕。

他非常高興的把鏡子收好帶回家去，並決定隱藏著這個秘密。然而，就在他進門的時後，卻碰上了他太太，太太就問他：「你鬼鬼祟祟的，是不是做了什麼壞事？」

他說：「沒有啊！哪有？」

她說：「最好是沒有，別讓我逮到了！」

阿土上樓去，把鏡子放在一個箱子裡，然後就出去工作。就在他離開不久，他的妻子衝到樓上，翻箱倒櫃，很快的就找到了這面鏡子。她照了照之後，她氣憤的說：「這個死阿土，竟然跟一個老女人談戀愛，這麼醜的女人他也要。等他回來，我看他要怎麼說。」

你與每個人的關係，都反映出你與自己的關係。透過別人，你才會了解到你的憤怒、你的嫉妒、你的貪欲、你的愛恨、以及其他你需要學習的種種……。

所以，當你痛恨一個人時，你應該問問自己：「這個人使我想起自己哪些討厭的地方？」

當你愛一個人時，也問問自己：「這個人使我想起自己哪些可愛的地方？」

別人是一面鏡子，你很討厭的那個人，是一面鏡子；那個惹你生氣的人，是一面鏡子……你所有的人際關係都是一面鏡子，透過他們，你才能認識真正的自己。

你從別人身上看到的其實是自己。

為什麼要因為一個討厭的人，而離開你喜歡的人？為什麼要讓一個「不重要的人」成為你生命的重心呢？

謝謝你的椰子！

既然你是對的，你又何必生氣呢？你需要拿別人的錯誤來懲罰自己嗎？

教官：林大頭，你為什麼打你同學？

林大頭：因為他一年前罵我是豬頭。

教官：那你怎麼會到一年後的今天才打他呢？

林大頭：因為我今天才看到真正的豬頭，才知道豬頭那麼醜。

稱呼一個「豬頭豬腦」的人是豬頭，並不算是罵，而是說實話。所以不要急著生氣，當別人指責你，批判你的時候，你應該多了解一下，他說了些什麼？為什麼他會那麼說呢？這個指責你的人說不定是對的，說不定他指正了你沒有發現，或者是你不願面對的錯誤，那就是為什麼你會那麼憤怒的原因。

有一天，小吳與幾個同學坐在教室裡，感嘆小張的為人，「他雖然成績不錯，但是卻有兩個缺點：一項是愛生氣，另一項是做事魯莽。」

這時，小張正好從門外走過，聽見眾人的議論，立刻大發脾氣。隨即衝進教室，動手毆打小吳。

眾人趕緊拉開小張，並問他說：「你為什麼打小吳呢？」

小張答道：「他亂說，我哪有愛生氣，做事魯莽呢！」

眾人對小張說：「你現在的行為不是已經不打自招了嗎？」

西諺有句話說得好：「假如別人指責你，是對的，那你沒有資格生氣；假如別人指責你，是不對的，那你又何必生氣呢？因為是他錯！」

若他是對的，你要去謝謝他，他讓你看到自己。他是在幫助你變得更好，就算他的話傷了你，你仍應感激他。當然，也許指責你的那個人是個混蛋，他胡說八道，根本不了解你，但即使是這樣，你也犯不著大動肝火啊。如果有個瘋子在街頭對你大聲地叫罵，你會如何反應？你根本不會去理他，對嗎？你需要跟他爭辯嗎？

我聽說，有個人受到他人嚴厲的批評，心中憤憤不平，而向一位智者吐露怨氣：「他有什麼資格批評我？」

「我很了解你的感受，」智者說：「那就好像你走過樹下，樹上的猴子忽然對著你的頭丟擲一顆椰子。」

「您是要我把他當成猴子？」

謝謝你的椰子！

「不是，」智者搖搖頭，說：「你應該撿起椰子，喝了其中的果汁，吃了其中的果肉，而且用殼做一個碗。然後說：謝謝你的椰子！謝謝你給我的批評！」

想一想，如果你跟某個人一起去用餐，用餐之後他說今天的菜色很差、口感也不好，而你卻認為還好，你會因此跟他爭辯嗎？

你當然不會。為什麼？因為你知道每個人的胃口和喜好不同，對嗎？然而當有人跟你意見不同，你會很不高興，為什麼？為什麼你能接受別人對菜色有不同意見，卻無法接受別人對你的意見呢？

如果你認為他是錯的，那你就是對的，既然你是對的，你又何必生氣呢？你需要拿別人的錯誤來懲罰自己嗎？

說不定你們看到的，是同一個太陽

你有沒有想過，也許對方才是對的，何妨站在對方的立場，再想想看呢？

某天，阿土和阿呆兩個在激烈爭辯下面的問題：一個人到底從哪兒開始生長？

「傻瓜都知道人是從腳開始生長。」阿土說。

「何以見得？」阿呆說。

「幾年以前，我買的褲子那麼長，都垂在地上。現在你再看看——它變得那麼短。從這就可以證明。」

「亂說，」阿呆不以為然地說，「任何傻瓜都知道人是從頭開始長的。你看過學校或軍隊在排隊時，他們腳底下都是平的，但從頭來看，高矮就不一樣。」

誰對誰錯並沒有絕對的標準，同一件事、同一個問題，只因每個人立場不同、角度不同、見解不同，所得的結果也就不同。

就說「上」和「下」的概念吧！乍看起來，大家對「上」和「下」的概念涇渭分明，但如果你問澳洲是在英國的上方還是下方時（註：英國與澳洲恰好位於地球表面的對稱位置上），問題就來了。那得看你站在哪個位置上來看，對嗎？

我們再以「動」和「靜」這互相對立的概念為例。兩件東西如果放在一起，要判斷誰是動的，誰是靜的，就看你以誰當「標的物」。拿太陽和雲朵來說，當你盯著太陽，把太陽當作標的，太陽不動，那麼雲朵就是動的；反過來，你把雲朵當作標的物，認為雲朵是不動的，那麼，太陽就是動的。

太陽和雲朵究竟是誰動誰靜，這是相對性的問題，端看你以誰為設定的標準。是非何嘗不是一樣，不同的標的，對錯也就不同。

《列子・湯問篇》有一則故事：

孔子周遊列國時，有一天看到兩個孩子在爭辯，於是就走向前去問他們在爭辯什麼？

其中一個小孩說：「我認為太陽剛出來時離人近，到了中午離人遠。」

另一個小孩卻認為：「太陽剛出來時離人遠，到中午時才離人近。」

這小孩又說：「因為太陽剛出來時像車蓋那麼大，等到中午時就小到像一個盤子，這不就物離人遠小，離人近大？」

「才不呢！」另一個小朋友不以為然地說：「太陽剛出來時還有點涼意，到了中午就像暖爐，這不就是離人近熱，離人遠涼嗎？」

太陽仍是同一個太陽，不同的是看它的人。愛因斯坦也曾引用蘇東坡的〈日喻〉（沒有見過太陽的瞎子，聽人家說太陽的熱像蠟燭，後來他摸到蠟燭時，就猜想太陽也是長得細細長長的。）來比喻平常人對相對論的瞭解。

就像盲人摸象一樣，只摸到象鼻的盲人相信象是長管狀的，而摸到象肚子的盲人卻不同意他的看法，並堅持自己才是對的。

元宵節，鄉下某個地方唱戲慶賀，當天十分熱鬧。

有三個人，在看戲時互相談話。一個是瞎子，一個是聾子，一個是跛子，他們各用各的看法，批評這一天的戲。

瞎子說：「今天的戲唱得很好，不過行頭不好！」

聾子說：「行頭很好，可惜唱的聲音太小了！」

跛子說：「什麼都好，但是戲台搭歪了。」

你曾想過嗎？你為什麼會跟別人爭辯？是不是你認為你是對的，而別人是錯的，這就是你跟他爭辯的原因，對嗎？若不是你那麼堅持自己是對的，你又怎麼會死不退讓，你又怎麼會吵起來呢？

說不定你們看到的，是同一個太陽

但是你有沒有想過，也許對方才是對的，說不定你和他看到的，就是同一個太陽啊！何妨站在對方的立場，再想想看呢？

是的，唯有當你不再被別人控制，不再讓別人影響，那你才是自己的主人。為什麼你要讓別人的態度來影響你的行為呢？

那是原則的問題

你就是太有原則了，這就是你一再生氣的原因。

一個人愈有原則，就愈容易生氣，也愈容易與人發生衝突。這是我的觀察。

比方你有一個原則就是「守時」，那如果有人遲到或者是不遵守時間，你一定會很生氣，對嗎？

如果你的原則是「誠實」，那只要有人說謊或者是沒有對你據實以告，你一定會大發雷霆；如果你的原則是「不吃虧」，那只要

那是原則的問題

有人讓你吃虧或者是佔了你便宜，你一定會據理力爭，甚至不惜跟他拼了，對嗎？

沒錯，你說：「那是原則的問題。」

回想一下上一次你生氣的情形，你是在氣什麼？你說：「他每次聽我說話都心不在焉」、「他寧可跟朋友在一起也不陪我」、「這麼重要的事他竟然沒讓我知道」……表面上看來，你氣的是那件事，但實際上你氣的是他，是他觸犯了你的「原則」。

比方說你對「愛」所持的原則是「尊重」，那麼如果你先生或太太不尊重你時，你自然會認為他不愛你了。如果你對「尊重」所持的原則是：「如果他尊重我，凡事都會讓我知道。」那麼當他有些事沒告訴你，你自然會認為他不愛你，不尊重你，甚至因此而大發脾氣。

你想過嗎？愛一個人為什麼會那麼辛苦，是不是你自己設下了太多的規矩和原則？我們常聽見愛人這麼說：「因為我愛你，所以你必須……」、「你如果真愛我，你就會……」。

◎凡事都尊重我

◎凡事都想到我

◎把時間留給我

◎跟我的想法一樣

你給愛定下了一大堆的規則，這就是你們經常爭吵的原因。你之所以生氣，並不是因為他犯了什麼天大的錯，而是他觸犯了「你的原則」；你們之所以會吵架，並不是彼此沒有愛了，而是你們把「原則」看得比愛重要。

那是原則的問題

好，現在讓我們一起來想想，這個原則是誰定的？這個生氣的人又是誰？如果你曾靜下來想過，你就會明白這是怎麼一回事——原來這都是你自己造成的，你就是「太有原則了」，這就是你一再生氣的原因。

原則是死的，人是活的，怎麼會那麼死腦筋呢。日後當你要生氣時，不妨這麼自問：「到底哪一個重要？是我的原則，還是我跟這個人的感情重要？」

當感情都沒了，誰還管你什麼原則，對嗎？

被需要是幸福的

你要感激那些需要你的人，他們讓你找到生命的價值和意義。

被需要是幸福的，透過你的給予，你就成了一個富有的人，你能分享自己，能為別人付出，能讓別人需要你、感激你，那是非常幸福的。

但人們似乎很少這麼想，我們總是把付出看作是負擔，說什麼：「我真倒楣，老闆和同事把事情都推給我。」說得好像很無奈一樣，說什麼：「我還有年邁的父母要照顧，我的孩子、妻子都要靠我

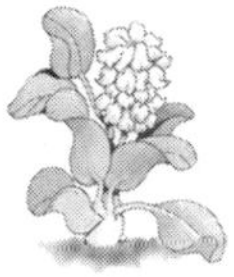

養。」講得好像是很不得已的負擔，而你必須去履行這個義務。

怎麼會這麼想呢？如果沒有了他們，失去了可以付出的對象，那你所有的努力有什麼意義？你的生命又有什麼價值？

你的價值和別人對你的肯定，絕大部分是來自你的付出與貢獻，而這也是你之所以存在的原因。

你要慶幸自己擁有一份艱難的工作，若不是這些難搞的事、難纏的人，以及每天工作時的不悅與問題，老闆可能早已另聘他人。你也不可能擁有現在的薪水和職位，對嗎？

你要慶幸父母、伴侶和孩子那麼需要你，如果沒有人需要你，那你活著是為什麼？你好像不存在一樣，沒有人等你回家，沒有人在乎你，沒有人管你死活，沒有人對你有任何期待，因為你不被需要，那你活著又有什麼價值？

一個對別人沒有價值的人，自己也將失去意義。

你想想看，如果老師對壞學生說：「我無法接受你，因為你的成績和品行都太差。」那老師到底是做什麼的？如果他只接受好學生，他又何必存在？

如果醫生對病人說：「我不能接受你，因為你有那麼多疾病。」那麼醫生到底是做什麼的？如果他只接受健康的人，他又何必存在？

當你的孩子、伴侶、朋友、老闆需要你的時候，你是怎麼做的？你是否願意無條件付出？如果你不願意，你又何必存在？

快樂是來自被需要，當你被需要，你就覺得快樂，因為你覺得你的存在是有意義的。這就是為什麼許多人在不計報酬地擔任「義工」之後，反而覺得自己更充實、更快樂。

所以說，被需要是幸福的，難道不是嗎？你要感激那些需要你，找你「麻煩」的人，因為他們讓你找到了生命的價值和意義。

我建議大家，每天早上在出門以前都應該先這麼想過一遍：「今天，我能做些什麼，好讓這個世界因我而變得更美好。」

把注意力由「如何從別人身上得到什麼？」轉換到「我可以為別人做些什麼？」或「有沒有用得上我的地方？」

那麼，你將發現你的人緣愈來愈好，生意愈做愈順，生活也愈來愈快樂。

人際關係就像一面鏡子，讓我們看到別人，同時也照出自己。你最喜歡的人，實際上是反映你希望自己擁有的特質；而你最討厭的人，也就是你最討厭自己的那部分。

不是路已走到盡頭，而是該轉彎了！

這世界上永遠沒有絕望的處境，只有絕望的人。

在報紙上看到一篇讓人感觸很深的文章，有個女孩她因初戀失敗，一直離不開失戀的痛苦而有輕生的念頭，在她想自殺的那一剎那，她看到公車上有一段詩，詩的內容寫了這麼一句：「不是路已走到盡頭，而是該轉彎了！」而讓她拋棄了輕生的念頭。

最後她寫道：大二的我，被一個不速之客擾亂了平靜的生活，卻也不經意地被另一個不速之客救贖了。生命中總有挫折，那不是

不是路已走到盡頭，而是該轉彎了！

盡頭，只是在提醒你，該轉彎了。

你是否注意過被關在屋子的蒼蠅？牠會去尋找光亮，因而不斷往窗戶衝，一次又一次地撞擊玻璃，往往可以撞上個大半天。

許多人也是這樣，他們也在尋找亮光，就像蒼蠅一樣不斷地往窗戶衝，可是這樣做有用嗎？如果你想穿過一扇關閉的窗戶到外面去，不但困難也很愚蠢，為什麼不轉個方向呢？是啊！那隻想飛出屋子的蒼蠅唯一的機會就是轉個方向，看能不能找到其他出口，而非死命地往前衝，不是嗎？

同樣的道理，如果你的生活、工作、情感被撞得「滿頭疱」，為什麼不轉個方向？

你一定也聽過這樣的事，比方說，失去了工作反而創造事業第二春；生了重病反而得到重生；迷了路反而找到新路；被愛人拋棄了反而找到真愛……那不是盡頭，而是該轉彎了。

美國有一位名教育家李奧・巴斯卡力（Leo Buscaglia）曾經說過一則故事——

有一位年輕的女孩等她的男友波斯特打電話給她，男友告訴女孩，下午四點會打電話來，於是她整個心全掛在電話上，從下午一點就開始坐立不安。

她告訴家人不要吵她，從一點鐘起，就痴痴地等著電話鈴響，兩點、三點、四點，一直到晚上九點，電話還是沒來。

她失望、絕望、痛苦、掙扎……最後她把自己關在浴室裡割腕自殺以求解脫。

為什麼？因為她想這是唯一的可能——男友變心了；她受不了打擊，只有死路一條。

天啊！真的有這麼嚴重嗎？

就以這女孩為例，她大可去做些別的事，比方看電視、上網、洗頭、出去逛街，或是拿起電話，打給男友：「喂，你在忙什麼，我正在等你電話呢！」也許他「真的」被事情卡住也不一定，何至於要自殺？

就算他真的變心了，那又怎麼樣？能早一點跟一個不愛你，或你不愛的人分手，那有什麼不好？再找一個真正愛你的人，不是更好嗎？

我想起一位心靈大師說過的一段話：

「每一天都有一隻鳥會棲息在一片廣大荒原中某一棵樹的枯枝中。有一天，一陣狂風把樹連根拔起，迫使鳥兒飛了一百哩去尋找避難所——直到最後牠來到一座果實纍纍的森林。」

然後他總結說：「如果那棵枯樹繼續生存的話，就不會有什麼情況促使鳥兒放棄自己的安全狀態而飛離它。」

有時生命的根基動搖，我們轉向上帝，這才發現，原來是上帝在搖它。

這世界上永遠沒有絕望的處境，只有絕望的人。是的，不是路已走到盡頭，而是該轉彎了！

不是路已走到盡頭，而是該轉彎了！

當愛出了問題，不管是嫉妒、懷疑、恐懼、怨恨……這些都是愛的黑暗面，都是愛的不存在。你無法對它們做任何事，你做得越多，問題只會變得越嚴重，變得越來越複雜，然而當你從愛下手，當你懷抱著愛，所有的問題也就消失不見。

你漆漏了這一小塊地方

那些不如意，都只是你人生的一部分，別讓一小片烏雲遮住所有的陽光。

如果我在一大張白紙畫上一個黑點，然後問你說你看到什麼，有百分之九十九的可能你將不會看到那張白紙，你會看到那個黑點。人們所犯的基本錯誤就是只記住那些錯誤的，負面的，而將任何好的全部忘掉。

我們都有經驗，有時候一天做了十件順利的事，只有一件搞砸了，便足以毀掉所有的喜悅；一件芝麻小事，就足以破壞整天的

你漆漏了這一小塊地方

心情。因為我們都習慣把注意的焦點，放在做壞或做錯的「那一件事」，而忽略了其他做好做對的事。

老友小張想油漆客廳，但一直都沒空。有一天，他太太親自動手將客廳油漆一新，想讓先生驚喜一番。小張回家後走進客廳，起初什麼話都沒說，仔細檢查了一遍後，對太太唯一的評語是「你漆漏了這一小塊地方」。

只看到烏雲卻忘了整個天空。有太多的人都犯了這種「追求完美」的錯誤，總是在「找問題」、「挑毛病」，光顧著修正缺點，卻忘了欣賞優點；漆好這麼一大間客廳居然沒有看到，只看到一小塊沒漆到的地方。

我教過一位醫科學生，從小學到高中一直是全班及全校第一名，畢業典禮還代表畢業生致謝詞，可謂風光一時。

但是進入醫學院後的第一次班會上，她才赫然發現班上有一半以上都和她一樣具有不可一世的輝煌戰績。剎那間，她就像一只洩了氣的皮球，軟趴趴的靠在椅背上。原來自己並不算什麼，充其量只是個沒見過世面的井底之蛙罷了。

從那時起，她一直處在高度焦慮中，百般地挑剔自己。記得有一次在生理學期中考後，我關心地問她考得如何？她臉色難看地回答：「考得不好！」結果成績公佈竟是滿分。我想這就是所謂的「完美主義」，追求完美卻活得很不完美。

大多數父母總習慣把注意放在孩子的錯誤上。當一個小孩數學測驗得九十分，他們不會讚美，反而會問：「你哪些地方算錯了？」如果孩子課業的分數每科都是甲，只有一個乙，他們就會注意到那個乙：「這科怎麼會得到乙！」

試想，當一個孩子從小就受到這麼「完美的」教育——做錯一件事就連所有做對的事都否定，他又如何肯定自己？又如何不對小錯耿耿於懷呢？

那位醫科學生後來告訴我，她說：「我以前一直以為自己是個完美主義者。後來才發現，自己其實只是愛鑽牛角尖，喜歡吹毛求疵，所以才會把自己和周遭的人都搞得很累、很挫折。」

我笑答：「說得沒錯，如果妳真的是個完美主義者，就應該看到事情美好的一面，而不是專注在錯誤上。不是嗎？」

有一則故事說：有個人認識一位很有錢的朋友，有天這朋友即

豁然開朗

真正的富有，是看你擁有多少快樂。

將遠行，於是請他代為管理家業。

朋友熱情地告訴他，可以盡情地享用他所擁有的一切，只是等他回來後就必須全部交還。

朋友走後，他去上廁所，發現廁所很矮小、光線也不佳，跟這座豪華的宅第非常不配。因而他找來最好的工人，大興土木，想把廁所整修得漂亮一點。

當他盡心地修廁所，即將完工時，朋友也回家了。

朋友問他，他有沒有好好享受？

有沒有看看花園裡漂亮的花？

有沒有品嘗他最好的廚子做的美味佳餚？

有沒有去大廳好好享受寬敞的空間和高級的音響？

有沒有參觀他從各地收藏的珍奇異品？

沒想到他回答，這段時間，他一直在修廁所。

光顧著看雞糞，卻把雞蛋給忘掉了。這不是很蠢嗎？

在我們的生活當中，約有九成以上的事是好的，只有少數是不好的。如果你想讓自己過得快樂，就應該把注意放在這好事上，而不是那些壞事上。

要記住，那些黑點，那些不如意的事情，都只是你人生的一部分，千萬不要讓它變成人生的全部。別讓一小片烏雲遮住了所有的陽光。

原則是死的，人是活的，怎麼會那麼死腦筋呢。日後當你要生氣時，不妨這麼自問：「到底哪一個重要？是我的原則，還是我跟這個人的感情重要？」

放在那裡就照到那裡

一旦你的注意集中在白紙上，而不是黑點上，那個黑點就會消失。

如果你把注意集中在那個小黑點上，那張白紙將會消失，所以你為什麼不反過來呢？當你集中在白紙上，那個黑點就消失了。

科學家早已證實，兩件事物不能在相同的時間內，佔據相同的空間。你可以交互注意兩件事，但是絕不能在同一時刻去注意兩件事。

例如，你在咖啡店裡對朋友說話。於是周遭所有的其他事情，

放在那裡就照到那裡

別人的交談、音樂、杯盤的碰撞、來往車輛的嘈雜，這一切都變成了背景。你在聽我、注意我，當我的聲音成了焦點，你就無法同時清楚地聽到其他的聲音。

說的更明白一點，當你注意某樣東西時，它會變成焦點，而其他每樣東西都成了背景，如果當時你注意的是音樂，而不是我，那我和其他的聲音就會變得模糊，甚至消失不見。

你可以做個實驗：看看你的周遭，試著注意所有紅色的東西。認真地找，記下來之後，請閉上你的眼睛，然後回想一下剛剛你記下的所有——藍色的東西。看看你可以說出幾項？

好，現在打開你的眼睛，再看看你是不是漏掉很多？為什麼？

「因為你要我找紅色的東西，而不是藍色的。」答對了，這就是我要說的重點。你要找紅色的，所以你就只看到紅色的，而忽略了藍色。你的人生也是這樣，如果你一直注意黑暗面，你就只能看到黑暗，而看不到光亮。

這就好比葉子能遮月一樣，你只要將一片葉子放在眼前，它也會把月亮和世界隔絕在我們之外。如果你把整個注意力都放在負面的事物上，那麼所有正面的事物也將與你隔絕。

今天早晨你心情很好，而現在你覺得鬱悶，那是因為你把注意放在不同的焦點。當你專注在快樂的想法，悲傷就消失到背景去。現在的你很鬱悶，快樂已經到背景去了，悲傷就成了你的焦點。

放在那裡就照到那裡

我們留意的是什麼，得到的也就是什麼。你不能很快樂同時又很悲傷，你不能很相信同時又很懷疑，你不能很痛苦同時又很喜悅。你只能選擇其一。

一把手電筒就只能集中在一個特定的方向——任何你想要的方向。那個光沒有選擇，你可以照向天花板，那麼它就顯露出天花板；你也可以照向地板，它就顯露出地板。如果你把光線都照向垃圾堆，那你看到的一切必然都是垃圾。

所以，要改變不如意的狀況，只有一個要領：那就是轉移你注意的焦點。對！你無須改變現況，你只要轉移你的注意力就行了！

生命的品質決定於注意力的品質。

一旦你能夠看到白紙，一旦你的注意集中在白紙上，而不是黑點上，那個黑點就會消失。

這裡可真是遍地黃金呢！

兩個人看著窗外，一個看見塵土，一個看見星光，這是何等的不同。

有一天，兩個水桶正在對話。

「嘿！老兄，有什麼事看不開的？瞧你一副無精打采的。」一隻水桶在問另一隻水桶。

「唉！跟你說又有什麼用呢？」第二隻水桶一臉哀怨地嘆道：「每一回人們把我灌滿，又立刻把我給倒光。」

「你怎麼會這麼想呢？」第一隻水桶笑咪咪地說。

「對了，我看你每天都神采飛揚的，到底有什麼事值得你那麼快樂？」第二隻水桶不解地問道。

「很簡單，就以剛才你說的話來看，」第一隻水桶意有所指地說：「我卻認為是每當我給倒光了，人們馬上就會準備把我給灌滿。」

同樣是半滿的水杯，一個說：「只剩半杯水。」另一個說：「還有半杯水。」這就是樂觀與悲觀者最大的不同。樂觀的人看到杯子裡還有半滿的水；而悲觀的卻看到杯子已經半空了。

一個同樣的早晨，也許就在同一個窗口，一個樂觀的人醒來，望向窗外說：「陽光好溫暖，好舒服！」另一個悲觀的人醒來，望向窗外說：「陽光好刺眼，真不舒服！」

在同一個牧場，也許就在同一個位置，那個樂觀的人，會望向柵欄內說：「哇！好棒，你看有好多的牛。」那個悲觀的人會望向柵欄內說：「哇！好髒，你看有好多的牛糞。」

就像一首詩裡面的句子：「酒吧裡的兩個人看著窗外，一個看見塵土，一個看見星光。」這是何等的不同。

戴爾・卡內基曾說過這麼一段話：

「使你快樂或不快樂的，不是你有什麼、你是誰、你在哪裡，或你正在做什麼，而是你對它們的想法。舉例來說，兩個人處境相同，做的事情相同；兩人都有著大致相等數量的金錢和聲望——然而其中之一鬱鬱寡歡，另外一人則歡欣愉快。」

什麼緣故？心態不同罷了！

同樣是斷了腿，樂觀的人說：「還好，我還有一條腿。」那

這裡可真是遍地黃金呢！

悲觀的說：「完了，我只剩下一條腿。」同樣是不幸，那樂觀的人說：「感謝老天，我還活著！」那悲觀的會說：「老天，為什麼這種事會發生在我身上？」

同樣考完考試，樂觀的人說：「考過也就過了。」那悲觀的說：「考完也就完了。」同樣在賣鞋子，看到大家都打著赤腳，那樂觀的人說：「大有可為，當地人都無鞋可穿！」那悲觀的會說：「沒有指望，當地人都不穿鞋！」

我聽說在一個小鎮上，有位老人把他兩個兒子找了過去。

「你們倆年紀也不小了，該到外頭闖闖啦！」他這樣說道。

這兩個兒子就遵從父命，前往繁華的大都會。

不過大兒子數天後便回來了。「怎麼回事？你為什麼回來了？」老人有些吃驚地問。

「老爸，你不知道，那兒的物價實在太可怕啦！連喝個水都得花錢買呢！以後在那兒生活怎麼吃得消！」

沒過多久，二兒子打了通電話回來，他興奮地說：「這裡可真是遍地黃金呢！連我們喝的水都可以賣錢哩！我這陣子不打算回來啦！」

一個樂觀和悲觀的人最大的不同，並不是不同的境遇，而是他們注意的焦點不同：樂觀主義者注意的是烏雲背後的太陽，而悲觀主義者注意到的則是太陽前面的烏雲；樂觀主義看到的是甜甜圈的部分，而悲觀主義看到的則是中間的洞。

每一枚銅板都會有兩個面，你要看向光明，還是黑暗，全由你選擇。

一個樂觀和悲觀的人最大的不同，並不是不同的境遇，而是他們注意的焦點不同：樂觀主義者注意的是烏雲背後的太陽，而悲觀主義者注意到的則是太陽前面的烏雲；樂觀主義看到的是甜甜圈的部分，而悲觀主義看到的則是中間的洞。

今天我就有國中程度了

樂觀是什麼？樂觀就是能在最糟的情況下選擇最好的解釋。

蟑螂姐弟第一次出去見世面，沒多久蟑螂姐姐跑回來向爸爸哭訴：「爸，為什麼大家都說我是『害——蟲』！嗚嗚嗚……」

而蟑螂弟弟到了很晚才回來，他高興的說：「爸！大家都對我很熱情呢。」蟑螂爸爸很納悶，此話怎講？蟑螂弟弟說：「大家看到我都說：『嗨……蟲！』」

樂觀是什麼？樂觀就是能在最糟的情況下選擇最好的解釋。

今天我就有國中程度了

有兩個台灣觀光團到日本伊豆半島旅遊，當地路況很差，到處都坑坑洞洞。

其中一位導遊連聲抱歉說：「這些路面簡直像痲子臉一樣。」

而另一個導遊卻詩意盎然地對遊客說：「各位女士先生，我們現在走的這條路，正是赫赫有名的伊豆迷人酒窩大道。」

這就是樂觀，即使在最糟的情況下也能看到最好一面。

鋼琴家波奇（Victor Borge），有一次在美國密西根州的福林特城演奏，發現會場座位坐不到五成。他當然很失望，但是他卻樂觀地對聽眾說：

「福林特這城市一定很有錢，我看你們每個人都買了兩三個座位的票。」他的幽默立刻贏得所有人一致的掌聲。

當美國正值不景氣的年代時，有位亨克夫人由於年紀漸大，身體不好，經濟狀況也很差，所以不得不同一批喜劇演員，魔術師，甚至小動物一起跑碼頭。

有一次，許多記者去採訪她。其中有位記者表示，一個世界上第一流的華格納歌劇女明星，竟淪落到碼頭，在一毛錢代價的場合演出，可見時局確實艱難。

但這位歌劇女明星毫不在意，還以溫和的語氣回答說：「年輕人，孩子們只要花一毛錢就能聽到亨克夫人的演唱，怎麼能說時局艱難呢？」

有時你會覺得事實很難改變，但其實只要你願意轉個念頭，馬上就可以海闊天空。

今天我就有國中程度了

我聽說有一個老闆脾氣非常暴躁，對部屬要求十分嚴苛。有一天，小李拿了一份公文進去，只聽見老闆大發雷霆罵道：「你寫的是什麼東西，我看只有國中的程度！」

不久，小李快步出來，居然還面帶微笑，他對一臉錯愕的同事解釋：「你們看我進步多快，昨天老闆才罵我只有國小程度，今天我就有國中程度了。」

你看，只要換個解釋，馬上就豁然開朗，不是嗎？

「幸」災「樂」禍

當命運遞給我們酸溜溜的檸檬，加點糖吧！試著把它變成檸檬汁。

有一個人搭船到英國，途中遇到暴風，全船的人都驚慌失措，他看到一個老太太非常平靜的在禱告，神情非常安詳。等風浪過去，全船脫離了險境，這人很好奇地問老太太，為什麼一點都不害怕。

老太太回答：「我有兩個女兒，大女兒已經被上帝接走，回到天國；二女兒住在英國。剛才風浪大作時，我向上帝禱告，如果接我回到天國，我就去看大女兒，如果留我性命，我就去看二女兒。

不管去哪裡我都一樣，所以我怎麼會害怕呢？」

英國小說家赫胥黎說得對，「經驗不是指發生在你身上的事情，而是指你如何去看待發生在你身上的事情。」當你能樂觀地看待事情，那也就沒有所謂的悲劇了。

在加州發生大颶風時，有位婦人的房子被吹垮掉，她從地下室裡爬了出來，當別人正在想：「天啊，為什麼會這樣，這真是一場悲劇」之時，她卻幽默地說：「反正無論如何都得搬，現在我連一樣東西都不必打包！」

還有一位病人塔辛頓，他則是以幽默來面對失明的遭遇。

他因為視力逐漸變壞，眼前總是會有飄浮的斑點在妨礙他的視線，每當最大的一個斑點掠過眼前時，他會打趣地說：「喔，老祖宗又來了，我正想著整個早上你都上哪兒去了呢？」

「幸」災「樂」禍，幽默就有這種力量，可以將任何局面扭轉過來，化悲劇為喜劇。

是普魯斯特（M. Proust）說的吧！真正的發現之旅，並不在於尋找新的景觀，而在於擁有新的眼光。當我們能夠對自己所遭遇的不幸和挫敗一笑置之，甚至能自我解嘲時，代表我們已經超越了。一旦你能超越自己，那也就沒有什麼好害怕的了。

莫茨小姐是CNN的攝影記者。一九九二年六月，她被派往塞拉耶佛進行戰地採訪。在那裡，曾有三十四名記者喪生。

莫茨在塞拉耶佛逗留六個星期後，已習慣周圍的流彈。一天清早，一顆子彈擊穿CNN採訪車的玻璃，正好擊中她的臉，幾乎掀掉了她的半邊臉，她的顴骨被打得粉碎，牙齒沒有了，舌頭也被打斷。送到醫院時，醫生們直搖頭，認為她不行了。然而經過二十多次手術後，她又奇蹟般地回到了工作崗位。這時的她，下顎仍無感覺，臉部還留著彈片，體重減輕了八公斤。令大家吃驚的是，她要求重返塞拉耶佛。

她幽默地說：「說不定我還能在那裡找回我的牙齒。」她甚至想認識一下當初襲擊她的槍手。

有人問她，見到那個槍手後怎麼辦。她說：「我會請他喝一杯，問他幾個問題，比方說當時的距離有多遠。」

是的，當命運遞給我們酸溜溜的檸檬，加點糖吧！試著把它變成檸檬汁。

把燈點亮，黑暗自然消失

一個問題的答案，絕不會出自「有問題」的那個人。

常有人會問我：「你總是鼓勵大家要看向光明，不要注意黑暗，這會不會有點不切實際，因為黑暗才是我們的問題。不去面對問題，難道它自己就會消失嗎？」

這問題道出了多數人在面對問題上的盲點。如果黑暗是你的問題，你希望解決問題，然後你就會把注意放在黑暗。但，這麼做真的有用嗎？

事實上，我們對問題投入越多的關注，就越不可能得到答案。為什麼？試想，如果你是對的，如果你知道答案，那麼你又怎會陷入這個難題呢？

愛因斯坦說得對：「一個問題的解答，絕不會出自與最初製造出問題時的相同了解度。」你的頭腦只能給你舊答案，給你那些你知道的，你無法思考你不知道的東西，不是嗎？你怎麼可能解決一個你不知道如何解決的問題？這就是為什麼往往你越去想問題，就越陷入「問題之中」。

沒錯，一個問題的答案，絕不會出自「有問題」的那個人。所以就算你想破了頭，也是沒什麼用的。黑暗不會帶來光亮，只會帶來更深的黑暗。

黑暗是什麼？黑暗並不是什麼，黑暗只是光的不在，你沒有辦法直接對它做什麼。如果你要做什麼的話，你必須從光下手，而不是從黑暗下手。

就以愛來說吧，當愛出了問題，不管是嫉妒、懷疑、恐懼、怨恨……這些都是愛的黑暗面，都是愛的不存在。你無法對它們做任何事，你做得越多，問題只會變得越嚴重，變得越來越複雜，然而當你從愛下手，當你懷抱著愛，所有的問題也就消失不見。

在處理人生的問題也是一樣，要注意光，要把放整個注意都放在「光明面」——如何找到光，如何創造光，如何打開門窗讓光進來，如何點亮屋裡的燈火？當你屋子裡的燈亮了起來，黑暗又如何能存在呢？突然間，黑暗就消失。

當你屋子裡燈光通明的時候，你怎麼會絆倒呢？當你把門窗都打開時，當陽光灑進屋子裡的時候，你又怎麼會撞到牆呢？

你所有的問題不過是在黑暗中摸索，所有的挫折不過是在昏暗中摔跤，一切之所以為錯的事情，不是因為事情本身，而是因為你活在黑暗中。

那就是為什麼我不建議你去解決黑暗，當你屋裡是黑暗的時候，你摸索、絆倒，生氣其實根本是沒用的，你無法將黑暗趕出暗室，你能用畚箕、用垃圾袋把它倒出去嗎？不，那是不可能的，你無法以任何方法將它除掉。如果你想驅走黑暗，你必須從光亮著手。

當你把注意轉向光明，慢慢地你將發現自己已身在答案之中。

你必須先讓自己開朗起來

如果你因他而變得不好，那你又如何期待他會因你而變得更好？

有一回，我在病房外聽到兩個太太在談話，其中一個年紀很輕，另一個比較年長。聽她們談話的語氣，是剛認識的。

年輕的太太：「我正要去看他，醫院說他的病情很不穩定，而且人很消沉。」

年長的太太：「你就這樣愁眉苦臉的去看他？」

年輕的太太有點驚訝：「是啊！看到他這樣，我的心情又怎麼可能會好呢？」

年長的太太停了一會，說：「你說他很消沉，為什麼他會消沉？你自己是不是也很消沉？」

「嗯！」

「你的心情全寫在臉上，就像現在這樣，而你怎麼能期望他的心情和病情會變好呢？」

年輕的太太聽了，愣了一下：「我不知道該怎麼辦？我真的很擔心他，可是又不知道該怎麼幫助他——」

「開朗一點！」年長的太太握著她的手說：「從現在開始，你要振作起來，盡可能保持快樂，並把這種好的心情帶給他，讓他也跟著好起來。」

年輕的太太聽了，終於露出笑容連聲說：「謝謝你！」然後轉身走進病房。

身陷痛苦的人是悲慘的，但你不需要因此而愁眉不展。原因很簡單，因為你變得愁苦，你只會創造出更多的愁苦，你的加入只會讓那個人更加憂愁和痛苦，那是於事無補的。

有個人來到智慧大師面前，問他：「這世界是如此苦難，人們身處極大的悲慘中，你怎麼能做到靜靜地坐著，而如此喜悅？」

大師說：「如果有人發高燒受苦時，難道醫生也要跟他一起受苦嗎？難道醫生也要基於慈悲而被感染嗎？那樣對病人會有幫助嗎？醫生沒有必要以生病來幫助病人，醫生必須是健康才能幫助病人；他愈健康越好，他愈健康，就愈可能有更多的幫助。」

有人發燒，你也跟著發燒，你的發燒將不會讓病人退燒，反而會為病人帶來更多的痛苦；有人發生不幸，你若坐在一旁哭泣，你的哭泣是完全幫不上忙，只會讓整個情況顯得更糟。實際上，原本只有一人生病，現在卻多了一個人，這世界的苦難只會加倍。

你必須先讓自己開朗起來

我說過了，黑暗無法帶給黑暗中的人光亮，只會陷入更深的黑暗。有人倒楣已經夠糟了，如果你還一副倒楣樣，那他們很可能還會更倒楣。

所謂的慈悲，並不是要你跟著悲苦的人一起悲慘，所謂的關心，也不是要你關起你的心門，那是不對的！

你必須先讓自己開朗起來，快樂起來，讓身在寒冬的人也能聞到春天的氣息，給身在陰雨的人帶來彩虹，幫助那個身在暗夜的人找到星光，那才對！

試問，如果你因他而變得不好，那你又如何期待他會因你而變得更好？

還好！還好！

如果折斷脖子，那也就沒有什麼好擔憂的了。

這是幾年前發生的一段往事，情形是這樣，與幾位朋友一起到中橫去度假，結果朋友的車子為了閃避迎面而來的卡車，車輪不慎滑落水溝，不但假期泡湯，幾個人身上還掛了彩。

真衰！有人罵那個橫衝直撞的卡車司機，有人則怨嘆，流年不利，敗與而歸……當大家都唉聲嘆氣，一個靜靜在一旁的朋友突然發了話。

還好！還好！

「嘆什麼氣呀？沒聽過小災避大難嗎？不過是受點皮肉傷而已，已經很慶幸了。」他接著揚起聲音笑著說：「往好處想，我真幸運，我們真幸運！」

他說第二遍我們真幸運時，一個字一個字加重了語氣，結果幾個朋友也跟著微笑點頭。

猶太有段諺語：「如果你斷了一條腿，你就該感謝上帝沒有折斷你兩條腿；如果斷了兩條腿，你就該感謝上帝沒有折斷你的脖子；如果折斷脖子，那也就沒有什麼好擔憂的了。」

不為失去的而悲，而為擁有的而喜。你可以說，這是「逆向思考」，也可以說這是「轉念」，當你的念頭一轉，心情也會跟著轉化。

◎當你為了擦破皮而哭泣時，何不換個角度想：還好！這不是摔斷腿；

◎當你為了月考沒考好而鬱悶時，何不換個角度想：還好！這不是聯考；

◎當你為了掉娃娃車而懊惱的時候，何不換個角度想：還好！掉的不是娃娃；

◎當你為了分手而沮喪時，何不換個角度想：還好！不是離婚；

◎當你為了小腹的贅肉而抱怨時，何不換個角度想：還好！不是腫瘤；

◎當你為了失去升遷機會而難過時，何不換個角度想：還好！我不是失業；

◎當你為了房子遭小偷而氣憤時，何不換個角度想：還好！不是被搶，平安就好。

還好！還好！

羅斯福還未當上美國總統之前，家中遭竊，朋友寫信安慰他。但羅斯福卻不以為意。他回信說：「謝謝你的來信，我真的很好，因為：第一、竊賊只偷走財物，並沒有傷害我的生命；第二、竊賊只偷走部分的東西，而非全部；第三、最值得慶幸的是，作賊的是他，而不是我。」

擁有一個幸運的視野，就像擁有變魔術的能力，可以把所有的不幸都點化為開在沙漠裡的花朵。到了這種境界，也就沒有所謂的不幸了。

我聽說有一對老夫妻一起參加環島旅行，到了旅行社報到，坐上遊覽車後，老太太突然想起一件事，臉色驚慌地說：「糟了，我出門前在煮水，忘了把瓦斯關掉，萬一起火怎麼辦？」

老先生一聽，先是愣了一下，然後很得意地說：「還好，還好，我們家的水龍頭，我也忘了關！水能剋火，沒有關係，不會有事的！」

這雖是個笑話，然而當我們用輕鬆幽默的鏡頭來看這個世界，你將發現一切都豁然開朗。

「還好！還好！」只要你經常這麼想，陰霾就會散去，天空將變得更開闊。

還好！還好！

在我們的生活當中，約有九成以上的事是好的，只有少數是不好的。如果你想讓自己過得快樂，就應該把注意放在這好事上，而不是那些壞事上。

裁判的故事

在我說它們是什麼之前，它們什麼也不是。

這世界是中立的，發生在你身上的事，沒有一樣是絕對正面或負面、好的或壞的，你之所以認為事情是好的，那是你的詮釋；同樣的，當你說某件事是不好的，那也是你的詮釋。

比方：遇到蛇對你來說，可能會認為是件倒楣的事，甚至還會被嚇得半死，可是對一個專門捕蛇或愛吃蛇肉的人來說，那可是件幸運的事，他們可能雀躍不已。若是遇上了印度教的虔誠信徒，可能還會將蛇視為神的化身，下跪膜拜呢！

再拿情人分手來說。讓我們假定，有一天你的情人對你說：「我想跟你分手。」你認為他的離去是一件好事，還是壞事？答案是依你而定。

因為分手是中立的，他的離去是好事或是壞事完全取決於你對「分手」的解釋。如果你認為分手是件壞事，是不幸，那分手對你來說，當然是痛苦的；反之，如果你對他已經厭倦，那分手就是一件好事，你會覺得如釋重負。你如何看待，完全是依你而定。

所以根本沒有什麼事是絕對的好的或壞的，那都看你自己。

裁判的故事

在美國的某個刊物上，曾讀過一則「裁判的故事」。

有位新聞記者想去採訪一所裁判學校，因為這些人經常要在壓力頗大的情況下做出「難以評斷」的判決，他認為這足以寫成一篇很好的報導。

這位記者先去訪問一個生手裁判，他當裁判才一年。記者問他說：「能不能請你告訴我，你是怎麼做出判決的？有沒有什麼訣竅？」

這生手裁判回答說：「這很簡單，壞球我就說壞球，好球我就說好球。是什麼我就說什麼。」

那記者又去採訪該校一位資深老師，他當裁判已經好多年了。「這個嗎，」這位略有年紀的人若有所思的說，「沒有這麼簡單。並不是樣樣事都非黑即白。所以，對我來說嘛，如果看起來像壞球，我就說是壞球，如果看起來像好球，我就說是好球。我看可能是什麼就說是什麼。」

最後，記者又找到一位校長，他蹲在本壘後面已有二十七年歷史了。

「訣竅？」這位最老的裁判說，「在我說它們是什麼之前，它們什麼也不是。」

套句尼采的話：「沒有真正的事實，只有詮釋。」人生就像一場接著一場的球賽，你是裁判，是好球還是壞球，就看你要怎麼詮釋了。

當感情都沒了，誰還管你什麼原則，對嗎？

是觸楣頭？還是好兆頭？

高牆上種白菜，表示你會『高中』上榜。

有一個人去買十張彩卷，結果一張都沒中，他認為是因為今天在路上看到「觸楣頭」的棺材；另有一個人也是買十張彩券，結果卻中了頭彩，他認為這是因為今天在路上看到「好兆頭」的棺材，才讓他「發財」。

同一件事，就看你怎麼解釋。解釋不同，結果就不同。

我聽說住在鄉下有一個阿嬤，好不容易盼到一個金孫，她馬上把「金孫」抱給算命的看。

算命仙只說了一句話：「這個小孩將來要靠『女人』吃飯啊！」

阿嬤憂心忡忡地回家，在路上遇到鄰居，便把這件事告訴他們，大家異口同聲表示，靠女人吃飯不就是吃軟飯的窩囊廢嗎，這孩子肯定沒什麼出息。

阿嬤聽完後，眉頭更加深鎖。

這時，老村長經過，在了解原委後，大笑三聲後對阿嬤說：「恭喜妳，妳這個金孫將來會成為一個『婦產科』醫生。」

在老村長的解釋與開導下，阿嬤終於眉開眼笑，重新定義算命仙的話。

還聽過另一則故事說，從前有一個讀書人，為了進京考試，天天閉門苦讀。

一天晚上，他做了一個夢，夢見有個很高的牆上種了一顆大白菜，又夢見一位千金小姐睡在他身旁。

夢醒後，這讀書人百思不解，於是決定去請教老師指點迷津。到了老師家中，不料老師不在，他就把自己的夢境和來意，一五一十的講述給師母聽。才講完，師母就露出一副愁容說：

「糟了！高牆怎麼種白菜？真是『白種』（中）了！而千金小姐睡在你身旁？表示你甭做夢了，想都別想！」

這讀書人一聽，完了，沒指望了，就垂頭喪氣地走回家。正巧，在半路上碰到了老師。老師問，為何如此愁眉苦臉？他就把夢境和師母的話告訴老師。

老師聽完後，很高興地大叫說：「哇！太好了！恭喜你了！高牆上種白菜，表示你會『高中』上榜；而千金小姐睡在你身旁，表示『該是你翻身的時候了』！」

著名的神學家坎伯和妻子剛結完婚，很高興地前往新居大度蜜月。

沒想到就在他們快到新居時，一輛靈車突然從路旁閃出，直直開到他們面前，擋住了去路。坎伯感到驚訝，因為他以前從未在這一帶看過靈車。

不意出現的靈車到底意謂著什麼呢？一般人大概都會覺得「煞風景」或「觸楣頭」，但是坎伯卻不那麼想，他覺得這真是好兆頭，他高興地對新婚的妻子說：

「這輛靈車的出現，預示著我們會永遠相愛，直到老死。」

事實果真如此。坎伯和妻子結褵半世紀，恩愛無比，是人人稱羨的神仙眷侶。他們真的「永遠相愛，直到老死。」

好的預兆，得到好的結果。同一件事，就看你怎麼解釋。

是觸楣頭？還是好兆頭？

當我們能夠對自己所遭遇的不幸和挫敗一笑置之，甚至能自我解嘲時，代表我們已經超越了。一旦你能超越自己，那也就沒有什麼好害怕的了。

福無雙至，禍不單行

福無雙至今朝至；禍不單行昨夜行！

小芬到男友家吃飯。

餐後，男友拿出一顆梨子。

小芬望著梨子，揮手說：「我吃太飽了，吃不下水果。」

「我也吃很飽。」男友拿起梨子：「不然這樣吧！一人分一半。」

小芬連忙阻止：「分梨子，不就是分離嗎？你真是糊塗……」

「哪是這樣，」男友笑說：「台語梨念『來』，意思是，有緣

『分』，要常『來』。」

記得中國有位著名的國畫家俞仲林先生，他非常擅長畫牡丹。

有一天某人慕名買了一幅他親手所繪的牡丹，回去以後很高興地掛在客廳。

一位朋友來訪看到了大呼不吉利，因為這牡丹沒有畫完全，缺了一部分。而牡丹代表富貴，缺了一角豈不是「富貴不全」嗎？

此人一看也大為吃驚，認為牡丹缺了一邊總是不妥，拿回去預備請俞大師重畫一幅。

大師聽了他的理由，靈機一動，告訴這個買主，牡丹代表富貴，所以缺了一邊，不就是「富貴無邊」嗎？

經大師一說，他頓時豁然開朗，高高興興地又捧著畫回去了。

念頭轉，心情轉。很多原本不好的事情，其實只要念頭那麼一轉，只要換個想法或說法，結果便有天壤之別。

王羲之是著名的書法家，這是眾所周知的，人們都會想設法得到他的墨寶。

新年到來家家都開始貼春聯，王羲之寫好貼上，不一會兒就人偷揭走。他連寫了幾副，但到黃昏門楣上還是空的。

王羲之心生一計，提筆又寫了一副，上聯是：

「福無雙至；」

下聯是：

「禍不單行。」

他讓人貼到門上，這次果然沒人再揭了，因為誰也不願貼這樣不吉利的春聯。

福無雙至，禍不單行

大年初一，人們滿街轉著拜年，也順便欣賞各家的對聯，走到王羲之門前，無不稱讚這副對聯字跡瀟灑，筆力有勁，尤其欣賞這副對聯的措詞之妙，文思錦繡。原來這副對聯加字後已經變成了：

「福無雙至今朝至；禍不單行昨夜行。」

明朝文皇和學士解縉，有一次一起散步，當兩人一起步上南京方橋的時候，文皇問解縉說：「你可想到什麼吉利話可說嗎？」

解縉想了想，說：「一步比一步高！」

到了下橋的時候，文皇又問他：「有什麼吉利話可說嗎？」

解縉說：「後面比前面高！往後的一切比以前更好！」

說得好！

那是沒有人能奪走的

就算是你手腳被人鍊著關在監獄裡，仍然沒有人能奪走你選擇的自由。

有一位老醫生，一生救人無數，但卻救不了自己的愛妻。自從愛妻在兩年前過世之後，他就陷入深深的絕望，無法自拔。他一再悲問：「老天何其殘忍，為什麼要奪走我的妻子？」失去愛妻的他，覺得人生已不再有任何意義。

有一天，他沮喪地去請教意義治療學家佛蘭克（Victor Frank）。佛蘭克在了解他的情況後，問他一個問題：「先生，讓我假設一下，如果今天不是你夫人先死，而是你先死的話，那情形又會如何呢？」

醫生想一想，說：「我們感情很好，那她一定比我更悲痛。她恐怕無法承受這種打擊。」

「是啊！她將很難承受。」佛蘭克說：「然而現在她並不用承受打擊，使他免於受苦的人正是你。如果她知道的話，一定也會希望你快樂起來，為她好好活下去，不是嗎？」

醫生覺得很有道理。人生自古誰無死？不是妻子先他死就是他先妻子而去，他應該感謝老天，讓他晚一步走，能替愛妻承擔那種生離死別的痛苦。就在這時他突然豁然開朗，不但釋放了他的悲痛，同時還賦予生命新的意義。

身為猶太裔心理學家的佛蘭克，在二次大戰期間曾關進納粹（Nazi）集中營，遭遇極其悲慘。希特勒政權奪走他的一切：父母、兄弟、妻子、房子、財產，他本人則受到嚴刑拷打，朝不保夕。在那裡，他看見朋友被殺身亡，也看見許多人選擇自我了斷，還有人只因喪失了求生意志而死去。

佛蘭克後來在他的著作《人對意義的追尋》寫道：「在這些殘酷與苦難裡，最讓他苦惱的是看到一起被關的營友竟認為活下去已無任何意義，而放棄寶貴的生命。」

於是，他立志要找一樣東西，是納粹無法奪走，而又可以支撐他求生意志的東西。他找到了，那就是他還有選擇自己態度的能力。佛蘭克說，即使是在一無所有的集中營中，人還有選擇自己生

活態度的自由，他把它稱為「人類最後的自由」（the last of the human freedoms）。

後來佛蘭克不僅熬過了集中營與大戰的摧殘，還成為舉世推崇的精神科醫師，幫助許多要放棄生命的人重拾求生的意志，他讓這些人看到他們仍然有選擇的機會，並且在這些選擇裡，找到人生的新意義。

自由和外在的東西一點關係都沒有，即使你被關在監獄中，你也能夠是自由的。有任何人能阻止你將悲苦轉化為喜樂嗎？沒有。就算是你手腳被人鍊著關在監獄裡，仍然沒有人能奪走你選擇的自由。

監牢也許限制了你的行動，但它無法限制你思想的自由；你可選擇悲傷，也可以選擇歡笑；你可選擇沮喪，也可以選擇振作，就看你自己了。

人活在痛苦中，並不是他註定要活在痛苦中，而是他不了解自己有選擇的自由。就是這個不了解創造出悲傷和痛苦，事實上，你永遠有選擇的自由，那是沒有人能奪走的。

那是沒有人能奪走的

你可選擇悲傷，也可以選擇歡笑；你可選擇沮喪，也可以選擇振作，就看你自己了。人生的意義是由你自己創造的，你永遠有選擇的自由，那是沒有人能奪走的。

同樣是一生，你願意當哪一種？

要脫離痛苦，並不是「能不能」的問題，而是在於你「願不願意」。

快樂本來就是一種選擇，是一個決定。你決定要快樂，你就可以找到快樂；你選擇痛苦，就會找到痛苦的理由。

選擇快樂的人，即使他一無所有，他也能享受那沒有的幸福。他沒錢，沒有家，所以他從不害怕有人會偷他、搶他，他不用擔心房子下雨會不會淹水，會不會有土石流。他一無所有，所以也就一無可失。他總是看那正面的，即使在暗夜裡也能欣賞到星光。

選擇不快樂的人，即使他是個富翁，也會因錢財帶來的煩惱而受苦。他會擔心恐懼，他會睡不著，他會想東想西把自己搞得心神不寧。這種人即使有一天變窮了，那麼他也會因為貧窮而受苦，他總是注意那壞的，即使在豔陽下也能創造出陰雨。

如果你是痛苦的，你必須先深入內在，看看究竟是你選擇它，還是它選擇你？究竟是痛苦依附你，還是你在依戀痛苦？能夠看清這點是非常重要的，因為痛苦若沒有你的支持，它是無法存在的。

有一位大師，他一輩子都活得很快樂，沒有人看過他有任何不快樂的時刻。他總是很高興，每天都充滿歡笑……甚至當他躺在床上將死之際，仍是很高興地笑著迎接他的死亡。

一位弟子問他：「你馬上就會死去，為什麼還笑得這麼開心？有什麼好笑的嗎？我們都覺得很悲傷。很多次，我們都想問你為什麼你從不覺得悲傷，至少我們認為每個人都會因為即將死去而傷心難過才對，但你卻仍然開懷歡笑，你是怎麼辦到的呢？」

大師回答說：「我年輕的時候也曾問我師父同樣的問題，那時我才十七歲，但卻過得很不快樂，我的師父已經七十歲了，卻隨時都歡天喜地，笑口常開。我問他：『你是怎麼辦到的呢？』」

「他說：『我也曾跟你一樣不快樂，直到有一天，我突然領悟到這一切都是我自己的選擇，這是我的生命。』」

「從那天起，我每天早上醒來時第一件事就是問自己：你希望這一天快樂還是不快樂？我總是選擇要快樂，結果真的就快樂起來。」

同樣是一生，你願意當哪一種？

要脫離痛苦，並不是「能不能」的問題，而是在於你「願不願意」。問題就在於你的選擇。

所以不要問要如何能脫離痛苦，這是無聊的。你選擇痛苦，然後你再去問別人說要如何能脫離，這不是很無聊嗎？

早上的時候，每一個人都有一個選擇，不僅在早上，事實上，每一個片刻你都有一個選擇要成為痛苦的，或是成為快樂的……這都看你自己。

所以，不快樂的人應該自問：「為什麼我選擇讓自己不快樂？」而不是問：「為什麼世界這樣讓我不快樂？」

曾看過一幅海報，令我印象十分深刻，海報上分別畫著一條毛毛蟲和一隻彩蝶，並寫著：選擇——同樣是一生，你願意當哪一種？

一條蟲？還是飛上枝頭的彩蝶？

你做了什麼樣的選擇，就決定你有什麼樣的人生。

〈後記〉

等待快樂，不如即時行樂

在讀完這本書之前，我想問大家一個問題：「如果要能使你快樂，必須出現哪些條件？」是必須先賺到多少錢？必須先考上某個學校？或是必須等到你達成某個目標？得到某個結果？如此才能使你快樂？

如果你也是這樣，那我想你現在一定過得不快樂，對嗎？

等待快樂，不如即時行樂

大多數人對快樂的期待，總脫離不了我們從小到大根深柢固的想法，以為快樂必須等到有什麼「特別值得高興」的事情發生。必須是得到某個東西、獲得某個結果，或是達成某個目標和理想。

小時候，父母會告訴你：「等你長大以後，你就可以……」而當你長大了一點，他們會說：「還不是現在，要等你考上大學，等你找到工作，等你事業有成，等到你的孩子都長大了，到那時候，你就可以……」然後，等你活到像你父母的年紀，你又開始告訴自己，告訴你的孩子說：「等到……以後，你就可以如何如何。」

就是這個謬誤，人們創造出了理想，並為快樂定下許多的條件，你說：「等到我通過考試，我就快樂。」「等到我有錢，我就快樂。」「等到他改變，等到情況改善，我才會快樂」……所以在等到或得到之前你將很難快樂。

豁然開朗

真正的富有，是看你擁有多少快樂。

人們就是這樣一再地錯失快樂，遲遲不敢去享受，甚至還會覺得享受是一種罪惡。我還有那麼多的工作還沒做，有那麼多的目標沒有達成，我怎麼能享受？你說，除非等到我達成目標我才可以享受。

但是你的享受將遙遙無期，因為你將會有新的目標、新的計劃，你可能還會有孩子，然後你就必須更加的努力，訂更多的目標和計劃，好讓孩子也能夠享受，而你的孩子將會有他們自己的小孩，就這樣你一再地拖延，要到何時你才能享受你的快樂？

回想一下，在你的一生中有多少次已遂你所願！如果說話算數的話你早該快樂了，不是嗎？你想拿到文憑，你拿到了；你想找份工作，你找到了；你想買車子，想買棟房子，也都實現了。你已一次又一次得到你想要的東西，但你為什麼還不快樂？

因為你又在等待下一個快樂了。你所等待的東西一直都在未來，而不在現在，對嗎？你現在當然是不快樂。

前陣子，朋友找我一起出遊，那趟行程我嚮往已久，但一想到要斷掉手中快完成的書本，我又遲疑了。因此我問自己，等寫完書後我會做什麼，我立即回答：「放自己一個假，享受一下。」這就對了，既然是這樣，那為什麼非要等到寫完書以後再享受呢？

完成書本是快樂的，那寫作就應該是快樂的。如果寫作的過程我不懂得享受，又憑什麼相信寫完之後我就會懂得享受？我寫過的書已經二十本，如果我必須等到完成第二十一本書才快樂，又憑什麼相信寫完「這本書之後」就會快樂？我必然又在等待完成下一本書，那是沒完沒了的。

我們的迷失就在於——總想等一切的問題都解決，所有的美夢都實現，以及那張欲望的單子都填滿，卻不懂得享受手中已有的幸福。

我想起一則有趣的蘇菲故事，大意是這樣，有三個人在旅行，他們買了一枝棒棒糖，因為那種糖果很貴，他們已經沒有錢再買了，於是開始辯論，看看該由誰來吃它？

最後三人終於決定，「我們都去睡覺，早上的時候，看看誰夢到最好的夢，就可以吃那枝棒棒糖。」

等待快樂，不如即時行樂

大家都同意之後，就各自上床睡覺了。

到了清晨，他們分別敘述自己所作的夢。其中一位說：「我夢到一個神仙，祂說：『你到天堂來吧！我已經為你準備了一個地方。』祂非常誠摯的邀請我，那是一個很棒的夢。」

第二個人得意的說：「這並不算什麼，我夢見自己已經在天堂，有成千上萬的天使在我身旁跳舞，而我在吹笛子，那是我所作過最美的夢。」

第三個人聽了面露微笑，他從容地說：「有一個神出現在我的夢裡說：『你這個傻瓜！你還在這裡幹什麼？趕快把那枝棒棒糖給吃了！』於是我就吃了它！畢竟，當一個神命令你的時候，你怎能拒絕呢？」

他是對的，等待快樂，不如即時行樂。

快樂其實並不需要「達成某個目標」，也不需要「完成某個夢想」；要體驗快樂，並不需要等到長大……等到考上大學……等到完成工作……等到結婚生子……等到賺夠了錢……等到退休……等到上天堂以後……

如果你了解的話，就不會給快樂定出條件，那是愚蠢的。快樂需要任何條件嗎？想要快樂，現在你就可以快樂，沒有人在擋你的路。除了你的那些「理想和目標」之外，有人在給你阻礙嗎？

試著不必有任何理由而快樂，你將會感到驚訝！你可以根本沒有任何理由地快樂。是的，快樂，就是這麼簡單，何必把自己搞得那麼複雜呢？

幸福，早知道就好

你知道人最大的不幸是什麼嗎？就是不知道自己是多麼幸福。

你知道人最大的不滿是什麼嗎？就是不知道自己早該滿足了。

不幸的由來，乃在看不見自己是幸福的；不滿的由來，則是不知道自己早該滿足了。如果你不覺得自己是幸運的，你又如何感受到幸福呢？很難，對嗎？如果你不知道滿足，那麼你又怎麼可能對目前的生活滿意？

其實，你已經擁有那麼多了，而你的心卻不在已經擁有的東西上，你一直在找尋那些沒有的。結果，你越去想自己欠缺的，就越發沮喪，而越沮喪就越會去想欠缺的。於是，你變得不滿，總是抱怨，這就是不幸的由來。表面上，你是在追求幸福，但其實是在找不幸。追求幸福最大的障礙，即是期望過大的幸福。

遺憾的是，這道理人們往往要到失去或太遲了，才懂！爲什麼不現在就知道呢？

最貼近人性心靈暢銷作家何權峰的最新力作，再一次將人們在生活中容易忽略的十五個課題，給予人們心靈的省思、提醒。